R 20596

Paris
1826

Stewart, Dugald

Esquisses de philosophie morale

Garde à conserver

R 2936
L.b.

ESQUISSES

DE

PHILOSOPHIE MORALE.

A PARIS,

Chez LEVRAULT, libraire, rue de la Harpe, n° 81 ;
PASCHOUD, libraire, rue de Seine, n° 48 ;
LECOINTE et DUREY, quai des Augustins, n° 49 ;
PONTHIEU, Palais-Royal ;
AIMÉ ANDRÉ, quai des Augustins, n° 59 ;
EMLER, rue Guénégaud, n° 23 ;
LANGLAIS et C¹ᵉ, rue d'Anjou-Dauphine, n° 13.

A STRASBOURG,

Chez LEVRAULT, rue des Juifs, n° 33.

A GENÈVE,

Chez PASCHOUD, imprimeur-libraire.

A LAUZANNE,

Chez FISCHER, libraire.

ESQUISSES

DE

PHILOSOPHIE MORALE,

PAR M. DUGALD STEWART,
PROFESSEUR A L'UNIVERSITÉ D'ÉDIMBOURG.

TRADUIT DE L'ANGLAIS
SUR LA IVe ÉDITION

PAR TH. JOUFFROY,
ANCIEN MAÎTRE DES CONFÉRENCES DE L'ÉCOLE NORMALE.

A PARIS,
CHEZ A. JOHANNEAU, LIBRAIRE-ÉDITEUR,
RUE DU COQ SAINT-HONORÉ, n° 8.

M DCCC XXVI.

PRÉFACE
DU TRADUCTEUR.

L'ÉTUDE exclusivement heureuse des sciences naturelles dans ces cinquante dernières années, a accrédité parmi nous l'opinion qu'il n'y a de *faits* réels, ou du moins qui soient susceptibles d'être constatés avec certitude, que ceux qui tombent sous les sens.

En rapprochant cette opinion du principe de Bacon, que tout ce que nous pouvons savoir de la réalité se borne à la connaissance des phénomènes par lesquels elle se manifeste à nous et aux inductions qu'il est possible d'en tirer, on arrive à cette première conséquence que la science de la réalité se réduit aux *faits sensibles* et aux inductions qui en dérivent, et à cette autre, que les sciences naturelles sont les seules possibles, ou du moins les seules qui soient susceptibles de certitude.

A quelques dissidences près, et qui ne sont pas de vieille date, cette doctrine est aujourd'hui universellement admise parmi ceux qui cultivent les sciences naturelles.

Ils en ont déduit deux opinions distinctes, mais également fausses sur les sciences philosophiques.

Les uns, prenant pour accordé que les questions philosophiques ne sont pas de nature à trouver leur solution dans des faits sensibles, en ont conclu, sans hésiter, qu'elles étaient insolubles, et, par la sublimité même de leur objet, éternellement livrées aux caprices de l'opinion. En conséquence ils ont rayé les sciences philosophiques du catalogue des sciences, et les ont méprisées et rejetées.

Les autres tirant une conséquence différente de la doctrine commune, ont essayé de résoudre les questions philosophiques par les données de l'observation sensible, ou, en d'autres termes, de construire les sciences philosophiques sur les mêmes bases que les sciences naturelles. C'est ainsi qu'entre les mains de certains hommes, les phénomènes physiologiques sont devenus le point de départ de l'idéologie, de la morale, du droit politique, de la science religieuse, et de la philosophie du beau.

Les uns et les autres ont trouvé dans leur opinion sur les sciences philosophiques, une explication du peu de progrès de ces sciences: ceux-là en niant qu'elles pussent devenir des sciences, ceux-ci en affirmant qu'on ne s'y était pas encore pris de la bonne manière pour les élever à cette dignité.

Les sciences naturelles ayant prouvé leur certitude par des résultats aussi magnifiques qu'incontestables, les savans qui les cultivent sont aujourd'hui les arbitres de l'opinion. Leurs sentimens sur les sciences philosophiques sont donc devenus populaires : en sorte que le public de notre époque pense avec eux qu'il n'y a de certain que les faits qui tombent sous les sens, et qu'il faut de deux choses l'une, ou que les questions philosophiques soient résolues par des faits de cette nature, ou qu'elles demeurent éternellement indécises.

Voilà où en est parmi nous l'opinion publique sur les sciences philosophiques. Voici maintenant ce que nous pensons.

Nous admettons pleinement avec Bacon que tout ce que nous pouvons connaître de la réalité se réduit à des faits que nous observons, et à des inductions tirées de ces faits sur la partie de la réalité qui échappe à notre observation. Nous ajouterons même, pour être plus complets, que nous tirons ces inductions au moyen d'un certain nombre de vérités ou axiomes primitifs qui nous révèlent ce que nous ne voyons pas, dans ce que nous voyons, et sans lesquels nous n'irions jamais au-delà des faits observés. Nous sommes si convaincus de la vérité de cette doctrine, que nous ne l'admettons pas parcequ'elle est de Bacon, mais uniquement parce qu'elle représente elle-même un fait incontestable de l'intelligence humaine.

Nous sommes donc d'accord sur ce premier point avec les naturalistes ; mais nous ne croyons pas, avec eux, qu'il n'y ait de faits que ceux qui tombent sous les sens. Nous croyons qu'il y a des faits d'une autre nature, qui ne sont point visibles à l'œil, point tangibles à la main, que le microscope ni le scalpel ne peuvent atteindre, si parfaits qu'on les suppose, qui échappent également au goût, à l'odorat et à l'ouïe, et qui cependant sont très observables et très-susceptibles d'être constatés avec une absolue certitude.

Admettant des faits d'une autre nature que les faits sensibles, nous sommes forcés d'admettre aussi une autre observation que celle qui s'opère par les sens. Nous reconnaissons donc deux espèces d'observations comme nous reconnaissons deux espèces de faits.

Dès-lors nous ne sommes point réduits à accepter la maxime des naturalistes, qu'il n'y a de certain que les faits sensibles et les inductions qu'on en peut tirer, ni sa traduction immédiate que toute la science humaine se réduit aux faits sensibles et aux inductions qu'on en peut tirer, ni enfin sa traduction plus éloignée que les sciences naturelles sont les seules sciences possibles.

Nous ne sommes point forcés non plus de croire, avec eux, ou que les sciences philosophiques ne sont point des sciences, si elles ne peuvent avoir pour point de départ des faits sensibles, ou qu'elles ne peuvent devenir des sciences qu'en résolvant, par des faits sensibles, les questions qu'elles embrassent, c'est-à-dire en devenant aussi des sciences naturelles.

Nous croyons, il est vrai, que les sciences philosophiques ne méritent point encore le titre de *sciences*, parce qu'elles sont encore livrées à cet esprit de système auquel échappent à peine la plupart des sciences naturelles; mais nous croyons qu'elles sont susceptibles de devenir des sciences, et des sciences aussi certaines que les sciences naturelles.

Nous ne pensons pas, néanmoins, que pour devenir de véritables sciences, elles doivent chercher leurs bases dans les faits sensibles; car leurs bases ne sont pas plus dans les faits sensibles, que les bases de la chimie ne sont dans les faits astronomiques.

Les questions philosophiques ne se rapportant pas à la réalité sensible, elles ne peuvent être résolues par des faits sensibles; mais la réalité qui tombe sous nos sens n'est pas, comme le pensent les naturalistes, toute la réalité; il en est une autre qu'ils oublient, et à laquelle, précisément, se rapportent les questions philosophiques. Cette autre réalité n'est pas moins observable que la réalité sensible, quoiqu'elle le soit d'une autre manière; on y découvre des faits d'une autre espèce que les faits sensibles, et dans lesquels les questions philosophiques trouvent leur solution naturelle; et comme ces faits sont aussi certains que les faits sensibles, et que rien n'empêche d'en tirer des inductions aussi rigoureuses, les sciences philosophiques sont susceptibles d'une aussi grande certitude que les sciences naturelles.

L'erreur des naturalistes est de méconnaître cette autre réalité et cette autre série de faits, que les mains ni les yeux ne rencontrent point et ne peuvent atteindre : c'est là ce qui les rend injustes et faux, quand ils raisonnent des sciences philosophiques. L'erreur des philosophes est d'avoir négligé l'observation de ces faits, et de n'avoir pas suffisamment compris que tout ce qu'on peut apprendre de certain sur les questions philosophiques s'y trouve, et ne se trouve point ailleurs : c'est là ce qui a retenu dans le berceau et discrédité les sciences philosophiques.

Il serait donc important, pour détruire les préjugés des naturalistes et du public, contre les sciences philosophiques, de montrer qu'il y a une autre réalité et d'autres faits que la réalité et les faits sensibles; et pour mettre enfin la philosophie et les philosophes dans les voies de la certitude et de la science, de faire voir que toutes les questions philosophiques dont la solution est possible, sont, en dernière analyse, des questions de faits comme les questions naturelles, et qui sont exclusivement, comme elles, de la compétence de l'observation et de l'induction. Le plus grand service que l'on pût rendre en France aux sciences philosophiques consisterait, selon nous, à mettre en lumière ces deux vérités.

Nous nous étions d'abord proposé de l'essayer dans cette préface. Un tel travail nous avait semblé l'introduction nécessaire de l'excellent livre dont nous offrons au public la traduction ; mais nous n'avons pas tardé à nous convaincre que le sujet était trop vaste pour un cadre si étroit. Il ne faudrait rien moins qu'un ouvrage spécial pour le traiter dans toute son étendue, et avec les développemens qu'il comporte. Nous nous sommes donc décidés, quoique avec regret, à laisser entièrement de côté la seconde partie de la tâche, nous bornant, dans les observations qu'on va lire, à mettre en évidence cette vérité, méconnue par les naturalistes, qu'il y a pour l'intelligence humaine un ordre de phénomènes dont la conscience est le théâtre, qui sont tout aussi réels, tout aussi incontestables à ses yeux que les phénomènes sensibles, quoique d'une autre nature, et dont les lois peuvent être déterminées de la même manière et constatées avec la même certitude. Si ce point était une fois établi dans les esprits, on ne tarderait pas à tomber d'accord sur deux autres vérités dont nous avons été forcés de nous interdire le développement; la première, que toutes les questions philosophiques viennent se résoudre dans l'observation de ces phénomènes méconnus, comme toutes les questions naturelles dans celle des phénomènes sensibles; la seconde, que si depuis trois mille ans que les questions philosophiques sont débattues, il n'en est pas une encore qui soit *définitivement*, ou ce qui revient au même, *scientifiquement* résolue, c'est que les philosophes ont négligé jusqu'ici de faire des phénomènes de conscience l'objet d'une science régulière, et ne les ont guère étudiés que pour y chercher des inspirations systématiques et des fondemens à leurs conceptions aventureuses.

I. *Des phénomènes intérieurs et de la possibilité de constater leurs lois.*

Il est un fait peu remarqué, attendu qu'il se répète en nous continuellement, et que nous finissons par devenir insensibles aux phénomènes qui nous sont familiers, mais que personne cependant ne peut refuser de reconnaître et d'accepter, c'est que nous sommes incessamment informés de ce qui se passe au dedans de nous, dans le sanctuaire impénétrable de nos pensées, de nos sensations, et de nos déterminations. Quoi que fasse notre intelligence, quoi qu'éprouve notre sensibilité, quoi qu'agite et résolve notre volonté, nous en sommes instruits à l'instant même, nous en avons conscience. Rien, dans l'état de veille, ne paraît pouvoir suspendre ni interrompre cette conscience de ce qui se passe en nous. Ainsi, au moment même où mon attention paraît le plus complétement plongée dans la contemplation d'une chose extérieure, au moment où mon intelligence, frappée du souvenir de quelque aventure passée, paraît le plus exclusivement occupée à faire revivre en elle les circonstances effacées de cet événement, dans ces instans de préoccupation profonde où l'esprit, absorbé par un seul objet, devient étranger et comme insensible à tout le reste, encore garde-t-il assez de liberté pour s'apercevoir de ce qu'il fait, pour remarquer ce qu'il éprouve. Ce qui nous entoure, ce qui assiége nos sens, il ne le voit plus, il ne l'entend plus, il a perdu le sentiment de toutes choses; mais il a conservé la conscience de ce qui se passe en lui; la preuve en est que si vous me demandez brusquement de quoi je m'occupe et ce que j'éprouve, je vous le dirai, je pourrai vous le décrire. Faites la même question à qui vous voudrez dans un moment quelconque, vous obtiendrez toujours et sur-le-champ une réponse précise. Cette vue de ce qui arrive en nous est donc continuelle. Il est douteux que le sommeil le plus profond la suspende; car toutes les fois que l'on nous éveille subitement nous sentons qu'on vient d'interrompre en nous une suite de pensées. Il n'est pas même prouvé qu'elle périsse dans l'évanouissement. Les cas nombreux où il est démontré que nous avons rêvé, bien que nous n'en gardions aucun souvenir, font assez voir que nous pouvons penser, sentir, désirer, vouloir, et en avoir conscience dans le moment, sans qu'il en reste aucune trace dans la mémoire.

Il est presque inutile de faire observer que cette perception continue de notre état intérieur n'est point l'œuvre des sens; c'est une chose assez évidente d'elle-même, et que tout le monde reconnaît aisément. Mais ce qu'il est important de remarquer, c'est que de toutes les convictions possibles, il n'en est point de plus forte, de plus complète que celle qui s'attache à cette information. Ce qu'il y aurait de plus absurde au monde ce serait de contester à un homme qu'il souffre quand il sent qu'il souffre, qu'il désire telle chose quand il sent qu'il la désire, qu'il est occupé de telle pensée, qu'il se souvient de telle personne, qu'il prend telle résolution, quand il a conscience en lui de tous ces faits. Tout ce que nous témoigne cette vue intérieure nous paraît d'une incontestable certitude. Les choses que voient nos yeux, que touchent nos mains, ne nous semblent pas d'une réalité plus assurée que les faits dont nous avons conscience. Nous ne chercherons pas, comme on l'a tenté plusieurs fois, à élever l'autorité du sens intime au-dessus de celle des sens; mais nous poserons au moins comme un fait hors de doute et que personne ne contestera, l'égale autorité de ces deux perceptions.

Il y a, du reste, une raison bien simple à cette égalité. Quelque idée qu'on se forme du principe intelligent dans la constitution humaine, nul ne peut disconvenir qu'il ne soit *un* de sa nature; car, par quelque voie que lui viennent les idées et de quelque espèce qu'elles soient, il les compare, il les distingue, il les associe, il les classe; en un mot, il les travaille de manière à prouver qu'elles sont réunies, embrassées, possédées par un même pouvoir. Nous sentons d'ailleurs très distinctement en nous qu'il n'y a pas une intelligence pour percevoir les choses extérieures, une autre pour sentir les phénomènes intérieurs, une autre pour rappeler les choses passées, une autre pour réfléchir, comparer et raisonner. Nous sentons, au contraire, que c'est le même principe qui réunit toutes ces attributions; c'est une des données les plus distinctes de notre conscience. Si donc c'est le même principe intelligent qui voit par les yeux, qui perçoit par le tact et les autres sens, ce qui se passe hors de nous, et qui sent par la conscience ce qui se passe au dedans de nous, il n'est pas étonnant que nous ayons au témoignage de notre conscience et à celui de nos sens une confiance égale; car, si notre intelligence se fie à elle-même quand elle regarde au dehors, pourquoi ne s'y fierait-elle pas quand elle regarde au dedans, et comment, restant la même et voyant également dans les deux cas, pourrait-elle inégalement croire à la réalité des phénomènes qu'elle découvre? Elle peut remarquer que les organes des sens l'induisent quelquefois en erreur, et que les yeux, par exemple, soumis à certaines lois physiques, lui font voir rond, dans quelques cas, ce qui est réellement carré. Mais une fois prévenue de ces causes d'erreur qui ne viennent pas d'elle, mais de son instrument, et ses précautions prises contre leur influence, il n'y a plus de raisons pour qu'elle croie moins à ce qu'elle voit qu'à ce qu'elle sent, ni moins à ce qu'elle sent qu'à ce qu'elle voit. Ce n'est donc pas seulement un fait, mais une nécessité très-facile à comprendre, que les informations des sens et celles de la conscience aient, à nos yeux, la même certitude.

Le fait que nous venons de constater nous révèle une vérité importante, c'est que notre intelligence a deux vues distinctes ; l'une sur le dehors par l'intermédiaire des sens, l'autre sur elle-même et les faits qui se passent dans le for intérieur, sans aucun intermédiaire. La première de ces deux vues est *l'observation sensible;* la seconde est *l'observation interne*, qu'on appelle aussi *conscience* ou *sens intime*. Il y a donc deux observations bien distinctes, également réelles, et d'une égale autorité. Ce que nous affirmons ici n'est pas un système, ce sont des faits aussi certains, aussi palpables qu'il y en ait; et parce que les naturalistes n'ont aperçu que l'observation sensible et n'ont pas remarqué l'autre, celle ci n'en existe pas moins, n'en agit pas moins en eux comme dans le reste des hommes, et n'en doit pas moins être reconnue comme un fait incontestable de la nature humaine.

Ces deux vues ou ces deux observations ont chacune leur sphère spéciale et distincte; en sorte que les sens ne peuvent pénétrer dans la sphère de la conscience ni la conscience dans la sphère des sens. Ce fait est remarquable, et mérite qu'on s'y arrête. Rien de ce que nous sentons au dedans de nous n'est perceptible pour les sens; rien de ce que les sens peuvent saisir n'est perceptible à la conscience. Le phénomène de la *sensation* en offre un exemple bien frappant. Il se compose de deux parties distinctes : une impression matérielle est produite sur l'un de nos organes par une cause quelconque; cette impression est transmise au cerveau par le moyen des nerfs, et il en résulte en nous tantôt un sentiment douloureux ou agréable, tantôt un sentiment et une idée. La nécessité de l'action d'une cause extérieure sur l'organe, et de la transmission de cette action au cerveau, par l'intermédiaire des nerfs, pour que le sentiment et l'idée soient produits en nous, est une donnée de l'observation sensible ; mais toute l'attention possible, aidée des meilleurs instrumens, ne pourrait lui révéler ni le sentiment, ni l'idée; ces faits échappent aux sens. D'un autre côté la conscience sent parfaitement le plaisir ou la douleur, perçoit très-bien l'idée, mais elle ne reçoit aucune notion ni de l'organe, ni du nerf, ni de l'impression faite sur l'un, ni de la transmission opérée par l'autre. Jamais, sans les informations de l'observation sensible, nous n'aurions appris que la sensation et l'idée ont précédées, dans le corps, de pareilles circonstances. Il en est de même du phénomène du *mouvement volontaire;* nous avons conscience de notre détermination, mais nous n'avons pas conscience de la contraction musculaire qui opère ce mouvement ni du mouvement lui-même. Car ce qu'on appelle le *sentiment de l'effort* n'est autre chose que la conscience de la sensation plus ou moins douloureuse que la contraction musculaire nous cause, et point du tout la perception de cette contraction. Tout ce qu'il y a de physique dans la production du mouvement et le mouvement lui-même, ne nous est revelé que par l'observation sensible qui, son tour, ne peut en aucune façon percevoir le phénomène de la détermination volontaire. Ainsi, pour connaître complètement le phénomène de la sensation ou celui du mouvement volontaire, il faut consulter et l'observation interne et l'observation sensible: une seule n'y suffit pas. C'est cette impuissance qui a forcé les physiologistes, comme nous le verrons bientôt, à reconnaître des *faits de conscience*. On voit par là combien il est impossible et par conséquent absurde, de prétendre faire la science de l'homme, soit comme les philosophes le veulent avec la seule conscience, soit comme les naturalistes le prétendent avec la seule observation sensible. Mais revenons à notre sujet.

Cette incapacité de la conscience à percevoir les phénomènes sensibles, et de l'observation sensible à percevoir les phénomènes de conscience, est un fait trop remarquable pour qu'on n'en cherche pas la raison. D'abord on conçoit très-bien pourquoi les sens ne perçoivent pas les phénomènes intérieurs, et pourquoi la conscience ne perçoit pas les phénomènes du monde extérieur. Le monde extérieur n'étant pas en nous, il est impossible que nous l'y sentions; et les faits intérieurs n'étant pas placés en dehors de nos sens, il est impossible que nous les voyons et les touchions. Mais cette explication n'atteint pas le fond de la difficulté; car d'où vient d'une part que nous avons le sentiment de la détermination volontaire, et que nous n'avons pas celui de la contraction musculaire; et d'où vient de l'autre que le physiologiste avec son microscope et son scalpel découvre la contraction musculaire, et ne saurait par aucun moyen apercevoir la détermination volontaire? Pour résoudre cette double question, il faut en premier lieu se faire une idée juste de la conscience. Qu'est-ce que la conscience? C'est le sentiment que le principe intelligent a de lui-même. Ce principe se sent, et parce qu'il se sent, il a conscience de tous les changemens, de toutes les modifications qu'il subit. Les seuls phénomènes dont il puisse avoir conscience sont donc ceux qui se produisent en lui. Ceux qui se produisent hors de lui, il peut les voir, il ne saurait les sentir, il ne saurait en avoir conscience. Il peut donc avoir conscience de ses sensations, parce que c'est lui qui jouit et qui souffre; de ses pensées, de ses déterminations, parce que c'est lui qui pense et qui veut; mais il ne peut avoir conscience de la contraction musculaire, de la digestion, de la circulation du sang, parce que c'est le muscle qui se contracte, l'estomac qui digère, le sang qui circule et non pas lui. Ces phénomènes sont donc exactement pour lui dans la même condition que les phénomènes de la nature extérieure; ils se produisent hors de lui, il ne saurait en avoir conscience. Telle est la vraie raison de l'incapacité de la conscience à saisir une foule de phénomènes qui se passent dans le corps, mais qui pour cela n'en sont pas moins extérieurs au principe intelligent, au *moi* véritable. D'un autre côté, les phénomènes de conscience n'étant que les modifications intimes du principe intelligent, lui seul peut les percevoir parce que lui seul les éprouve, et que pour les percevoir il faut les sentir: à ce premier titre, les phénomènes de conscience échappent nécessairement à toute observation extérieure. Mais ils en ont encore un autre pour échapper à l'observation sensible. Si l'on veut y réfléchir, on s'apercevra qu'il y a une différence absolue de nature entre la volonté et tous les phénomènes de conscience d'une part, et la contraction musculaire et tous les phénomènes qui tombent sous les sens de l'autre. Les choses et les phénomènes sensibles se manifestent par des apparences qui offrent prise aux sens: ce sont des couleurs, des odeurs, des formes, des résistances, des mouvemens ou déplacemens dans l'espace, toutes choses que nos sens ont été organisés pour saisir. Les faits de conscience n'ont aucun de ces attributs. Ainsi, quand bien même ces phénomènes ne seraient pas des modifications si intimes que le sujet seul qui les subit peut en avoir connaissance; quand bien même ils se produiraient au dehors et arriveraient à la portée des sens, ils échapperaient encore à l'observation sensible par leur nature. Il est donc doublement impossible que les physiologistes, dans leurs recherches sur les phénomènes de la vie, pénètrent jamais jusqu'aux faits de conscience. Les sens ne peuvent pas plus pénétrer dans la sphère de la conscience que la conscience dans celle des sens.

Les différences essentielles que nous venons de signaler entre les faits de conscience et les faits sensibles n'affectent nullement l'égale réalité et l'égale évidence de ces deux espèces de faits; et quoique l'intelligence atteigne ceux-ci par l'intermédiaire des sens et ceux-là sans cet intermédiaire, on ne voit pas que l'observation des faits de conscience soit plus difficile ni soumise à d'autres lois que celles des faits sensibles.

Les choses extérieures frappent également les sens d'un paysan et ceux d'un naturaliste ; mais ce qui distingue le naturaliste du paysan, c'est que le premier fait attention aux choses, tandis que le second les voit sans les regarder, ou ne les regarde pas assez pour démêler tous leurs élémens. C'est donc par l'attention, et une attention persévérante et soutenue, que le naturaliste dépasse la connaissance vague et imparfaite que le commun des hommes a des choses extérieures, et parvient à une connaissance plus distincte et plus complète de leur nature. Il en est absolument de même des phénomènes intérieurs. Tout homme est perpétuellement informé de l'existence en lui d'une foule de sensations, de désirs, d'opérations intellectuelles, de déterminations volontaires qui s'y succèdent sans interruption. Aussi tout homme a une idée confuse de chacun de ces faits de conscience ; il n'ignore pas ce que c'est que sentir, désirer, délibérer, vouloir, aimer, haïr, admirer, mépriser, connaître, comprendre, se souvenir, croire. Il a des mots pour désigner tous ces faits; il les distingue, il en parle; et même, quand l'occasion se présente, il en dispute. Et cependant il n'a pas plus une idée précise et complète de ces phénomènes, quoiqu'il les ait mille fois éprouvés, que le bourgeois de Paris du phénomène de la combustion, quoiqu'il ait mille fois vu s'enflammer la mèche de sa bougie, et se réduire en cendre le bois de son foyer. Et pourquoi? c'est qu'il n'a pas fait attention à ces phénomènes intérieurs. Pour arriver à une connaissance nette et étendue de ces phénomènes, il ne faut donc pas se contenter du sentiment involontaire que nous en avons lorsqu'ils se passent en nous; il faut, lorsqu'ils se produisent, y attacher notre attention, ou en d'autres termes les observer. On voit donc qu'il en est des faits de conscience comme des faits sensibles. Ils se manifestent d'eux-mêmes, et également à l'intelligence de tous les hommes, qui en acquièrent ainsi involontairement une idée confuse; mais cette notion n'est point scientifique parce qu'elle n'est ni précise ni complète; c'est par la considération attentive et volontaire des phénomènes, que l'observateur peut élever cette idée vague et inachevée à la distinction et à l'exactitude d'une connaissance scientifique.

Or, il est un fait bien certain et dont il faut convenir parce qu'il est réel ; c'est que notre attention se dirige beaucoup plus volontiers sur les choses extérieures que sur les phénomènes qui se passent en nous. Est-ce tout simplement habitude, ou la nature s'en mêle-t-elle? c'est une question sur laquelle nous concevons facilement qu'on puisse être d'opinions différentes. Car si l'on considère quelle multitude de besoins attirent au dehors l'attention de l'enfant, et y retiennent celle de l'homme; quelle variété d'objets les relations sociales et l'inépuisable étendue de la nature y présentent à sa curiosité et à ses passions, on sera forcé de convenir que quand bien même nous n'aurions point de penchant naturel à porter notre attention au dehors plutôt qu'au dedans, les circonstances de notre condition auraient suffi pour imprimer cette direction et donner ce pli à notre intelligence. Et d'un autre côté cependant, soit que la puissance de l'habitude nous fasse illusion, soit que réellement l'instinct de notre intelligence la porte plus naturellement à regarder au dehors qu'à se replier sur elle-même, il serait difficile à un homme de bonne foi de rejeter absolument la possibilité d'une inclination primitive. Quoi qu'il en soit, le fait du penchant actuel de l'attention vers les choses extérieures est incontestable; et certainement, c'est à ce penchant et à la nécessité de pourvoir avant tout à la conservation de notre vie, et aux besoins nombreux de notre corps, qu'on doit attribuer l'avance que les sciences naturelles ont prise sur les sciences philosophiques dans la carrière du développement intellectuel de l'humanité.

Mais cette habitude ou ce penchant qui

porte notre attention au dehors, s'il explique l'espèce d'oubli dans lequel on a laissé jusqu'ici les faits de conscience, ne prouve rien contre la possibilité de les observer. Bien que dans l'état actuel notre attention se dirige habituellement vers les choses extérieures, une foule de faits concourent à démontrer qu'elle conserve la faculté de se replier sur les phénomènes intérieurs, et que sa direction habituelle n'est point une direction nécessaire. Sans parler des hommes célèbres qui, dans tous les temps, ont possédé à un degré éminent la faculté de considérer et de discerner les phénomènes intérieurs, l'expérience démontre que toutes les circonstances qui peuvent diminuer l'attraction qu'exercent sur notre intelligence les choses extérieures, et toutes celles qui peuvent réveiller son intérêt ou sa curiosité pour les phénomènes intérieurs, la détournent plus ou moins, et sans effort, de ses voies accoutumées. C'est ainsi, d'une part, que le silence qui laisse en repos notre oreille, que l'obscurité qui nous débarrasse des perceptions de la vue, que la solitude qui nous sépare du mouvement et des intérêts de la vie sociale, nous ramènent naturellement au sentiment de ce qui se passe en nous. Un tempérament froid, lourd, et peu sensible aux impressions extérieures, produit souvent le même effet chez les personnes qui en sont douées. Une nature triste et monotone, repoussant pour ainsi dire l'épanchement de l'intelligence au dehors, est une autre circonstance qui porte à la réflexion; et, pour le dire en passant, si les peuples du Nord ont plus d'inclination et de capacité pour les études métaphysiques que ceux du Midi; si dans la poésie des uns les phénomènes de l'ame jouent un plus grand rôle, et ceux de la nature dans celle de l'autre, c'est à ces deux dernières causes réunies qu'il faut l'attribuer. D'un autre côté, la pénétration qu'acquièrent tout à coup, en matière d'observation intérieure, les personnes les moins réfléchies quand les faits de conscience prennent accidentellement en elles une grande véhémence ou qu'un puissant intérêt les engage à les étudier; la propriété qu'ont les amans, par exemple, d'analyser avec une subtilité profonde et de décrire à leurs maîtresses avec une fidélité prodigieuse les sentimens qui les agitent; la perspicacité avec laquelle un homme, qui a peur de contracter une maladie, distingue dans certaines parties de son corps d'imperceptibles sensations qui s'y produisent habituellement, mais auxquelles jusque-là il n'avait jamais fait attention, et mille autres faits de cette nature, sont des preuves non moins convaincantes, que si la connaissance des faits internes est si peu avancée, c'est moins le pouvoir de les observer qui a manqué, que l'idée d'en faire l'objet d'une étude méthodique et le sujet d'une science régulière (1).

(1) Les physiologistes considèrent les idées qui nous viennent du dehors, comme plus nettes de leur nature que celles qui nous viennent du dedans(*). C'est évidemment une erreur. Si nous avons des idées plus nettes des

(*) Élémens de physiologie, par M. Magendie, t. I, p. 170.

Tout homme est apte à vérifier sur lui-même la justesse de cette assertion. Il n'est personne, en effet, qui ne puisse, pour peu qu'il le veuille, remarquer ce qu'il sent en lui-même et acquérir une idée plus précise, qu'il ne l'avait auparavant, des différentes opérations de son intelligence, des différens mouvemens de sa sensibilité et des autres phénomènes habituels de sa conscience. C'est là un commencement d'observation interne. Quand il arrivera à quelqu'un de faire de pareilles remarques sur soi-même, il s'apercevra qu'il ne fait plus attention aux choses extérieures, que ses sens deviennent muets et ne l'informent plus, que d'une manière très-vague, des phénomènes qui les frappent. Bientôt, sans doute, l'intelligence encore rebelle à cet exercice nouveau, se fatiguera, se laissera

choses extérieures, c'est que notre attention s'en occupe exclusivement; quand on lui a fait son éducation, quand on l'a pliée à l'observation des phénomènes intérieurs, les perceptions de la conscience deviennent aussi nettes que celles des sens.

distraire, et reprendra sa direction accoutumée. Mais de nouveaux essais la façonneront peu à peu à cette contemplation réfléchie : la durée de ses observations se prolongera; elle deviendra moins susceptible aux distractions extérieures; les faits de conscience qu'elle n'avait d'abord qu'obscurément sentis dans leur passage rapide, se laisseront plus distinctement apprécier; elle y discernera des circonstances qu'elle n'y avait d'abord pas aperçues; ce qui lui avait paru simple se décomposera; ce qui lui avait paru semblable se distinguera; un grand nombre de faits qu'elle n'avait jamais soupçonnés se révèleront à elle; en un mot, si la personne qui fera sur elle-même ces tentatives est douée de quelques dispositions naturelles pour l'observation et d'un peu de persévérance, elle acquerra, en moins de temps qu'on ne l'imagine, une puissance prodigieuse d'attention intérieure, et verra s'ouvrir dans ce monde ignoré, où la conscience du commun ne discerne que quelques masses de phénomènes indistincts, des perspectives immenses, peuplées de faits sans nombre, dans lesquels viennent naturellement se résoudre les plus hautes questions que l'esprit humain puisse agiter.

Mais il faut en convenir, bien que tous les hommes soient plus ou moins capables de cette investigation intérieure, et puissent y trouver de l'instruction et du plaisir, elle ne produira des résultats vraiment scientifiques qu'autant qu'elle sera maniée par des hommes familiarisés avec les procédés, les méthodes et la rigueur des sciences d'observation. Des observateurs comme Vauvenargue ou La Bruyère n'y suffiraient point. En effet, il ne s'agit pas de démêler comment la nature se comporte, et quelles formes elle prend dans un cas particulier. Ce n'est là que son allure du moment, qui, étant variable selon les circonstances, n'est point du ressort de la science. Ce qu'il s'agit de découvrir, c'est ce qu'il y a de constant, de régulier, d'invariable dans ses opérations; et, pour le découvrir, ce n'est point assez de la surprendre, il faut savoir l'interroger. Il faut, si l'on peut s'exprimer ainsi, la mettre à l'épreuve dans des cas différens, lui faire répéter une opération sous des influences diverses, afin de distinguer les circonstances variables qui appartiennent au lieu, au temps, à l'éducation, à mille causes accidentelles et qu'il faut abandonner au peintre de mœurs, et les circonstances constantes qui appartiennent à la nature humaine et qui doivent trouver place dans la science; en un mot, pour faire la science des faits internes, il faut savoir d'abord expérimenter. Mais ce n'est point là tout : la plupart des philosophes savaient expérimenter, et ne cherchaient dans l'étude de l'homme que les formes immuables de sa nature; Descartes, Leibnitz, Locke, ne considéraient point la scène intérieure sous le point de vue de La Bruyère; et cependant ils n'ont point fondé la science des faits internes. C'est qu'il ne suffit pas de savoir observer, il faut encore avoir le courage de ne voir dans les faits constatés que ce qui y est, de n'en tirer que les inductions qui en sortent rigoureusement ; il ne faut pas avoir en tête une foule de questions qu'on ait hâte de résoudre et qu'on désire résoudre d'une certaine manière ; il ne faut pas, pour satisfaire son impatience ou justifier son opinion, extorquer aux faits, à force de subtilité et d'imagination, les solutions que l'on veut, et qu'ils ne rendent pas ; il ne faut pas, en un mot, observer au profit de l'esprit de système et mêler la poésie à la science. Il faudrait être assez sage pour comprendre que le meilleur moyen de résoudre des questions de faits d'une manière solide, est d'oublier ces questions dans l'observation des faits, afin de pouvoir constater ceux-ci d'une manière impartiale, d'une manière complète ; il faudrait comprendre aussi que le champ des faits est immense, qu'il faut long temps pour l'explorer, et que néanmoins la plus petite circonstance négligée suffit pour fausser la solution d'une question. Peut-être alors consentirait-on à laisser de côté pour quelque temps les questions ; peut-être se résignerait-on à borner pendant long-temps ses efforts à reconnaître les faits qui doivent un jour les résoudre ; peut-être, au moins, se contenterait-on de ne tirer des faits constatés que des solutions provisoires, qui seraient réformées à mesure que des faits nouveaux viendraient prouver leur insuffisance ou leur inexactitude. Voilà les principes qui ont manqué aux philosophes, et dont ceux qui voudront entreprendre la science toujours ajournée des faits internes, devront se pénétrer. Tant que ces maximes sévères, tant que ces habitudes circonspectes qui se sont enfin enracinées dans l'esprit des naturalistes, et qui ont conduit les sciences qu'ils cultivent à des résultats si positifs et si incontestables, n'auront point pénétré dans l'esprit des philosophes, la science des faits internes ne sortira point du berceau, et les questions qui s'y rattachent demeureront livrées aux caprices de l'opinion.

Mais en abordant avec cet esprit l'étude des faits internes, on se convaincra bientôt que tout ce qui a été tenté et consommé sur les faits sensibles peut également, et d'une manière aussi solide et non moins scientifique, être exécuté sur ces faits d'une autre nature. En effet, de quoi s'agit-il, si ces faits, comme l'expérience le prouve, sont observables? De reconnaître leurs lois, et ces lois reconnues, d'en tirer des inductions pour toutes les questions qui s'y rapportent. A quel autre terme aboutissent les sciences naturelles? Or, douterait-on, par hasard, que ces faits se produisent selon des lois régulières? Ne serait-il pas bien singulier que tous les faits observés jusqu'ici dans toutes les parties de la nature, aient été trouvés soumis à des lois régulières; qu'en un mot l'ordre ait été reconnu et dans l'ensemble et dans les moindres détails de ce vaste univers, et que les opérations de l'esprit humain qui constate cet ordre, et que les mouvemens de la sensibilité humaine qui admire cet ordre, et que les mobiles de la conduite de l'homme, qui est la pièce la plus merveilleuse de ce vaste ensemble, eussent été seuls abandonnés au hasard, sans règle et sans lois certaines? De toutes les suppositions imaginables ce serait la plus évidemment absurde quand bien même l'expérience ne la démentirait pas; mais il suffit d'avoir observé, et de la manière la plus superficielle, un phénomène quelconque de conscience, pour n'avoir plus de doute à cet égard. Qui ne s'est pas aperçu, pour nous borner à des exemples bien simples, que jamais nous ne prenons une détermination sans un motif compris ou entrevu d'avance; que jamais un souvenir ne s'éveille en nous qui n'ait été suscité par une idée antérieurement présente dans notre esprit, et qui avait quelque rapport avec l'idée rappelée; que jamais notre attention ne s'applique à un objet à moins que nous n'en ayons déjà acquis quelque notion? et si l'observation prouve que ces trois circonstances accompagnent constamment l'une le fait de volonté, l'autre celui de mémoire, la troisième celui d'attention, ne sont-ce pas là des lois de ces trois opérations? Les sciences naturelles procèdent-elles d'une autre manière, et arrivent-elles à d'autres résultats?

Et remarquons en faveur de cette science nouvelle dont on conteste la possibilité, que les expériences à faire sur les phénomènes internes offrent beaucoup plus de facilité dans l'exécution, et promettent beaucoup plus d'exactitude dans leurs résultats que celles par lesquelles sont obligées de passer la plupart des sciences naturelles. Car, à commencer par la physiologie, combien de phénomènes lui échappent, et se voit-elle réduite à présumer par l'impossibilité de pénétrer sans la détruire dans les mystères de la vie? Et ceux qu'elle parvient à atteindre ne sont-ils pas le plus souvent altérés par les opérations douloureuses qu'il a fallu pratiquer pour les observer? encore n'est-ce point sur l'homme dont il s'agit, mais sur les animaux qu'elle les observe. Qui ne connaît toutes les difficultés que présentent les expériences beaucoup plus faciles cependant de la physique et de la chimie? soit à cause de la subtilité des phénomènes qui échappent aux sens, soit à cause des mille influences extérieures qui tantôt contrarient l'expérience au point de la rendre impossible, tantôt modifient et dénaturent ses résultats, au point de rendre nécessaires les contre-épreuves les plus multipliées? On se figure à peine combien de tems, de sagacité, de patience et d'habilité à expérimenter, ont coûté dans ces deux sciences les moindres découvertes. Que dirons-nous maintenant de ces autres sciences qui sont obligées de parcourir la terre pour constater un fait, d'attendre les révolutions des astres pour faire une observation, de rapprocher une multitude d'êtres et d'objets différens, disséminés sur la surface du globe, ou enfouis çà et là dans ses entrailles, pour entrevoir une loi de la nature vivante ou inanimée? Et, quand nous voyons la patience et le génie surmonter ces obstacles prodigieux dans les différentes branches des sciences naturelles, comment ne pas se rassurer sur l'avenir de la science des faits internes, qui ne présente ni ces difficultés à vaincre ni ces causes d'erreurs à éviter. En effet, comme le but dans cette science est de connaître l'homme et non pas les hommes, et que l'homme est tout entier dans chaque individu de l'espèce, dans quelque position sociale que se trouve l'observateur, il porte toujours en lui-même tout l'objet de ses études, tout le sujet de ses expériences. Il n'a pas besoin comme le physiologiste de mettre la vie en péril ou de troubler ses fonctions pour l'observer. Pour qu'il puisse sentir la vie intérieure, il faut, au contraire, qu'il la laisse aller; et plus elle va et mieux il la saisit; et il suffit qu'elle aille pour qu'il en ait le spectacle. Or, elle se développe continuellement avec le cortége des phénomènes qui la manifestent; en sorte que l'observateur qui la porte partout avec lui, peut, à toute heure, en tout lieu, sans préparation comme sans dérangement, attacher sur elle ses regards et poursuivre le cours de ses recherches. Pour découvrir les loix de ces phénomènes, il n'est pas besoin qu'il se travaille et imagine des expériences; il altérerait le naturel des phénomènes en les produisant ou en les faisant naître exprès en lui-même. Qu'il se contente d'acquérir l'habitude de les observer quand ils se produisent naturellement, et qu'il ne s'inquiète point du reste. Cette habitude acquise, que le philosophe vive comme le reste des hommes, qu'il coure le monde, qu'il cultive la société, qu'il vaque à ses affaires. La scène mobile de la vie, le jeu varié du commerce social exciteront cent fois le jour et sous l'influence de mille circonstances différentes, le développement des divers phénomènes dont il cherche les lois. Grâce à cette expérimentation naturelle et perpétuelle, le même fait vingt fois reproduit sous des conditions différentes, laissera bientôt paraître ce qu'il a d'invariable et de constant, s'abstraira bientôt des circonstances accidentelles qui le modifient dans les différens cas, et se livrera sans effort à l'observateur dans ses élémens constitutifs.

Qu'on ne s'y trompe pas, toutefois; nous ne prétendons point réduire le philosophe à cette observation passive et insouciante des phénomènes : ce n'est pas à si bon marché que s'acquiert la science. Notre expérience nous a prouvé, il est vrai, que dans l'étude des faits internes, on ne gagne rien à leur courir après; il faut les attendre si l'on veut les attraper, et les surprendre au passage si l'on veut les voir au naturel. Mais il ne s'ensuit pas que l'observateur doive abandonner ses découvertes au hasard. Il faut qu'il ait un plan de recherches prémédité; il faut qu'il se propose successivement, et dans un ordre calculé d'avance, les différentes questions de faits qu'il importe à la science de résoudre; de manière à ne pas s'occuper de plusieurs choses à la fois, et à ne donner son attention, dans un tems déterminé, qu'à une certaine espèce de phénomènes; autrement il se perdrait dans l'immense variété des faits internes, et s'éblouirait au lieu de s'éclairer. Il ne doit pas non plus s'arrêter à la notion naïve, mais inachevée, que la vue rapide du fait a donnée à l'intelligence : il faut que la méditation la couve pour ainsi dire sous ses ailes, et la fasse éclore. C'est à elle qu'il appartient de la préciser, de la développer, de la féconder; c'est à elle à examiner si cette notion est complète, satisfaisante, ou s'il est nécessaire de remettre en quête l'observation, et d'interroger de nouveau le phénomène; c'est à elle aussi à rapprocher les lois particulières pour pénétrer jusqu'aux lois générales, et de là, s'il est possible, jusqu'à la nature du principe ou du sujet vivant de tout ce vaste développement phénoménal; c'est à elle enfin à tirer les inductions. D'où l'on voit que la sagacité de l'observateur n'est pas plus oisive dans cette espèce de recherches que dans toute autre. Mais il n'en reste pas moins vrai que, non-seulement la découverte des lois par l'expérience est possible dans la science des faits internes, mais encore sous tous les rapports, plus facile et plus prompte que dans les sciences naturelles.

Enfin, pour achever ce parallèle, penserait-on que les lois des phénomènes internes une fois découvertes, il n'en sortît aucune induction importante sur des problèmes intéressans? Nous l'avons dit en commençant : il n'est pas à notre avis une seule question philosophique qui ne vienne se résoudre dans la connaissance de quelques-uns de ces phénomènes. Mais la preuve de ce fait exigerait des développemens que nous avons été forcés de nous interdire; nous nous bornerons donc à une seule remarque. Les faits de conscience sont, comme ceux que la physiologie constate, des faits de la nature humaine. Sans vouloir discuter ici leur importance relative, on conviendra du moins que les phénomènes de l'intelligence, de la volonté, de la sensibilité, jouent un aussi grand rôle dans la constitution de l'homme que ceux de la digestion ou de la transpiration. Or, si les lois découvertes de ceux-ci fournissent des inductions importantes pour la solution des nombreux problèmes qui ont l'homme pour objet, comment la connaissance des faits internes ne répandrait-elle aucune lumière sur ces problèmes? Si l'anatomie et la physiologie sont pour la médecine des sciences indispensables, parce qu'on ne peut soigner et guérir le corps sans le connaître, ne voit-on pas que la science des faits de conscience peut et doit rendre les mêmes services à l'éducation, à la logique, à la morale, et devenir ainsi d'une utilité pratique non moins grande et non moins incontestable? Cette présomption est si forte, que nous ne voyons pas la nécessité de rien ajouter pour le moment en faveur de notre opinion.

On peut donc constater d'une manière scientifique, c'est-à-dire par l'observation et l'expérience, les lois des phénomènes internes; on peut donc en tirer, par le raisonnement, des inductions utiles et rigoureuses. La science des faits internes est donc placée dans les mêmes conditions que celles des faits sensibles : toute la différence, c'est que les faits de conscience sont d'une autre nature que les faits sensibles, et tombent d'une autre manière sous les regards de l'intelligence. Mais qu'importe que ces phénomènes soient de natures diverses, s'ils sont également réels? Qu'importe que les uns soient perçus par l'intermédiaire des sens, et les autres sans cet intermédiaire, si la même certitude s'attache à ces deux modes de perception? Or, nous avons démontré et l'égale réalité de ces deux ordres de faits, et l'égale autorité de la conscience et des sens. Que reste-t-il donc à opposer à la possibilité de la science des phénomènes internes, sinon que c'est une chose inouïe, qui n'a pas encore pour elle, du moins parmi nous, la sanction de l'expérience et l'encouragement de quelques heureux essais? Mais qui ne sent la puérilité de cette objection, et qui ne s'aperçoit qu'on aurait pu la faire, il n'y a pas long-temps, contre la plupart des sciences naturelles? Pour nous, nous ne saurions voir aucune bonne raison qui puisse empêcher d'appliquer à l'étude des faits de conscience la méthode scientifique qui a fait faire tant de progrès à celle des faits sensibles, et nous espérons qu'après nous avoir lu, tous les esprits sages et sans préjugés, seront de notre avis.

II. *De la transmission et de la démonstration des notions de conscience.*

Qu'il soit possible à l'observateur de démêler en lui-même les faits qui s'y produisent et d'en déterminer les lois, et que cette connaissance, une fois acquise, puisse et doive avoir à ses yeux la même certitude que la connaissance des faits sensibles à ceux du naturaliste, ce sont deux vérités qui paraissent résulter incontestablement des considérations précédentes; mais la science, ainsi faite dans l'esprit de l'observateur, pourra-t-elle en sortir et prendre pied au dehors comme les sciences naturelles? voilà de quoi l'on peut douter en comparant la nature des faits de conscience à celle des faits sensibles. Ceux-ci peuvent se montrer; ce qui fait que le savant qui a constaté un phénomène, peut aisément transmettre aux autres la notion qu'il a acquise et en démontrer l'exactitude ; ce qui fait encore qu'on tombe promptement d'accord sur une question de faits naturels, et que la vérité, en pareille matière, est bientôt si évidemment reconnue qu'elle n'est pas long-temps l'opinion particulière de celui qui l'a découverte, et devient bien vite un article authentique de la science. Mais les faits de conscience étant d'une autre nature, d'une nature qui ne permet pas qu'on les fasse voir, il semble que les observations du philosophe se refusent à la démonstration. On ne voit même pas trop comment il pourrait faire comprendre aux autres ce que lui seul a senti. Et alors n'est-il pas à craindre qu'il ne soit de l'essence des découvertes intérieures de demeurer des opinions, incontestables, il est vrai, pour l'inventeur qui a observé les faits, mais qui, se dérobant invinciblement à toute démonstration extérieure, ne sauraient acquérir cette authenticité scientifique à laquelle s'élèvent les découvertes naturelles, et qui fait que personne n'en doute, ni ne songe à les contester?

Ceci nous conduit à examiner, d'une part, par quel procédé la notion d'un fait intérieur se communique et se démontre; et de l'autre, s'il est vrai, comme on le pense vulgairement, qu'il soit impossible d'élever les notions de faits intérieurs à l'authenticité scientifique des notions de faits sensibles.

Le procédé d'enseignement et de démonstration en matière de faits intérieurs nous est très-familier; nous l'employons vingt fois dans un jour, et avec autant de succès que de confiance; mais nous ne le remarquons pas, précisément parce qu'il est d'un usage trivial. Quand nous voulons transmettre à quelqu'un l'idée d'un fait sensible, nous nous trouvons dans l'un ou l'autre de ces trois cas : ou bien, nous pouvons montrer le fait, et alors nous le montrons; ou bien nous ne le pouvons pas, et alors de deux choses l'une : ou la personne a vu le fait ou elle ne l'a pas vu;

si elle ne l'a pas vu, elle est forcée de s'en rapporter à notre témoignage; si elle l'a vu, nous nous adressons, pour la convaincre, à sa mémoire; nous décrivons, avec tous les détails possibles, le fait en question de manière à ce qu'elle en reconnaisse les circonstances caractéristiques, et tombe d'accord avec nous sur l'idée que l'on doit s'en faire. Ce dernier procédé qui s'emploie accidentellement en matière de faits naturels, et au moyen duquel deux personnes, qui ont vu un même phénomène, tombent d'accord ensemble sur la nature de ce phénomène, est précisément, en matière de faits intérieurs, le procédé habituel de démonstration et de transmission. Nous l'avons déjà dit, rien ne se passe en nous dont nous n'ayons la conscience; il n'est donc pas un phénomène intérieur (et nous parlons ici des phénomènes constitutifs de notre nature, les seuls qui intéressent la science); il n'en est pas un, disons-nous, que le dernier paysan comme le plus grand philosophe n'ait éprouvé et senti plusieurs fois. Ce sentiment rapide et irréfléchi ne suffit pas assurément pour donner des idées précises; autrement la science des phénomènes intérieurs serait faite dans toutes les consciences; toutefois, il laisse des traces, il imprime dans l'entendement des notions fidèles quoique vagues et confuses de tous les phénomènes intérieurs; et c'est à l'aide de ces notions que tout homme est capable de rendre plus ou moins ses sentimens et de comprendre ceux des autres quand ils en parlent. Les faits de conscience ne sont donc pour personne des faits inconnus; avant que le philosophe les observe avec attention et les décrive avec précision, il en avait, et tout le monde en avait comme lui une idée vague. C'est à ce souvenir d'impressions mille fois éprouvées, de phénomènes mille fois sentis, que s'adresse le philosophe, soit qu'il professe, soit qu'il écrive, pour communiquer et démontrer ses découvertes. Quel que soit le phénomène qu'il ait observé et qu'il veuille décrire, ce phénomène n'est point inconnu même au commun des hommes; il s'agit uniquement de ramener la mémoire des lecteurs ou des auditeurs sur la trace de ce fait, de manière à ce qu'ils le reconnaissent. Et, pour cela, ce n'est point l'idée analysée et précise qu'il doit d'abord présenter; sous cette forme le phénomène ne serait point reconnu : c'est le sentiment que tout le monde en a qu'il doit peindre, et dans les termes et sous les images dont le vulgaire se sert pour l'exprimer quand il en parle : sous cet habit populaire il sera reconnu par toutes les consciences. Or, une fois que vous avez gagné ce premier point et fixé le souvenir des auditeurs sur le fait en question, il n'y a plus entre eux et vous qu'une seule différence : ils ont une idée confuse du phénomène, vous en avez une idée distincte. Mais à quoi tient qu'ils n'en ont qu'une idée confuse? uniquement à ce qu'ils ne se sont jamais appliqués à en démêler les élémens. La notion qu'ils ont renferme tous les élémens du phénomène; mais la réflexion, n'ayant jamais séparé et distingué ces élémens, la notion est pour ainsi dire tout d'une pièce : c'est l'idée au berceau; l'idée, quand elle n'est pas encore analysée ; l'idée sous sa forme primitive, quand on ne l'appelle encore qu'une *impression*, un *sentiment*. Votre notion précise n'est donc que l'analyse de leur notion confuse; c'est le même mot, mal écrit dans leur intelligence, distinctement écrit dans la vôtre. Il suffit donc, pour amener vos auditeurs ou vos lecteurs à la notion précise que vous voulez leur transmettre, de leur faire remarquer les élémens de leur notion confuse, élémens que cette notion contient, mais que, faute d'attention, ils n'y ont jamais remarqués ; et, pour y parvenir, il faut partir de leur impression, et peu à peu démêler avec eux les circonstances du fait dont elle est l'empreinte, de manière à ce qu'ils se retrouvent toujours, de manière à ce qu'ils reconnaissent toujours l'identité de ce que vous dites, avec ce qu'ils sentaient; jusqu'à ce qu'enfin leur notion vague et concrète se trouve transformée en une idée précise et analytique qui est précisément celle que vous vouliez leur communiquer.

Et remarquez bien que ce procédé n'opère pas seulement la transmission de votre idée, il en opère encore la démonstration. Vous n'imposez pas votre connaissance à ceux qui vous écoutent ou vous lisent, vous leur faites acquérir la même connaissance que vous avez et de la même manière que vous l'avez acquise, par l'analyse d'une notion confuse qui est en eux comme elle était en vous. Vous n'êtes pas pour eux un voyageur qui raconte ce qu'il a vu dans un pays ignoré ; vous êtes un démonstrateur comme le professeur de physique qui fait remarquer aux autres ce qu'il a remarqué lui-même. Aussi la conviction, qui accompagne la démonstration bien faite d'un phénomène intérieur, n'est point la confiance au témoignage du professeur ; c'est la confiance au témoignage de la conscience, qui, sollicitée et dirigée par les indications du professeur, remarque, dans un phénomène qu'elle a mille fois senti, des circonstances très-réelles qu'elle n'y avait jamais distinguées. Cette conviction est de même nature et de même force que celle qui accompagne la démonstration d'un fait visible et tangible; toute la différence qu'il y a, c'est que, d'un côté, c'est la mémoire qui vérifie les indications du professeur, et de l'autre les sens.

On ne saurait croire dans combien de circonstances de la vie s'opère, sans que nous le remarquions, et accompagnée d'une conviction parfaite, cette transmission de notions intérieures. Ce n'est point un fait extraordinaire, c'est un fait de tous les jours et presque de tous les instants. Il se renouvelle toutes les fois que deux personnes se communiquent leurs sentimens intimes. Quand un ami décrit à son ami ce qu'il a éprouvé dans telle situation de sa vie, si celui-ci le comprend, s'il se fait une idée nette de ce que l'autre lui dépeint, c'est qu'il retrouve dans sa mémoire le souvenir d'impressions pareilles; ne les ayant jamais éprouvées fortement, il n'en avait jamais remarqué tous les détails; mais, à la description que son ami lui fait, il les reconnaît, il les démêle, il les comprend distinctement. C'est de la même manière que les personnes, les moins capables d'analyses intérieures, comprennent parfaitement les peintures du cœur humain qu'elles trouvent dans les moralistes et les romans. Mais jamais ce phénomène ne se produit avec plus d'évidence qu'aux représentations du théâtre. Voyez avec quel assentiment vif et unanime les spectateurs accueillent ces traits naïfs de la nature humaine si profondément sentis et si franchement exprimés dans les bonnes comédies de Molière. Parmi tant d'hommes rassemblés il n'en est pas un qui n'ait eu conscience plusieurs fois de ces mouvemens naturels de la passion, et qui n'en ait plusieurs fois remarqué les signes chez les autres; et néanmoins chez presque tous, ces observations familières, que la réflexion n'est point venue préciser et fixer, ont été aussitôt abandonnées que recueillies, et n'ont laissé aucune idée arrêtée dans l'intelligence; mais la mémoire en a secrètement gardé l'impression, et quand le peintre de la nature humaine la marque et la signale par ces traits, tout le monde reconnaît la vérité de l'imitation, et l'atteste par ses applaudissemens. La représentation d'une tragédie ou d'une comédie est un véritable cours d'observation intérieure. Si le poëte peut transmettre au public quelques fragmens de la science de l'ame humaine, le philosophe le peut; et, si le public est compétent pour apprécier l'exactitude ou la fausseté des observations du poëte, il ne doit pas être incapable de reconnaître la vérité des analyses du philosophe, si le philosophe sait les présenter avec art et sous des formes convenables. En général, quand le philosophe échoue auprès du public dans la transmission ou la démonstration de ses idées, c'est la faute de ses observations qui ne sont pas justes, ou de ses formes qui ne sont pas intelligibles.

Toutefois, n'exagérons rien; il y a dans les phénomènes de conscience, comme dans les phénomènes naturels, des circonstances de deux espèces : les unes saillantes et fortement prononcées, les autres subtiles, délicates, qui exigent, pour être saisies, un degré peu commun d'attention. Quant à celles-ci, elles échappent également à la vérification du commun des hommes dans les faits naturels et dans les faits de conscience; il faut être naturaliste ou philosophe, c'est-à-dire observateur de profession pour les démêler avec sûreté. Mais, de même qu'il est toujours possible au professeur de physique ou de chimie de faire remarquer à ses auditeurs les circonstances principales d'un phénomène, de même notre expérience nous a appris qu'il était toujours facile d'évoquer dans les consciences le souvenir des grandes et saillantes circonstances des phénomènes intérieurs. Nous avons toujours vu que ces circonstances étaient aisément remarquées et nettement distinguées même par les esprits les moins cultivés et les moins réfléchis. D'un autre côté, c'est en vain que l'on voudrait altérer par de fausses descriptions la nature de ces circonstances; tant qu'on n'est pas arrivé à des observations fidèles, les esprits réclament ou résistent: sans pouvoir substituer des peintures plus vraies aux peintures altérées que vous présentez, le sens commun répugne et refuse d'adhérer à vos observations; on vous suit avec inquiétude, avec surveillance; les consciences, pleines du sentiment de la vérité qu'elles ne peuvent pourtant démêler, semblent attendre qu'elle paraisse pour la reconnaître. Mais quand une fois vous avez attrapé les caractères vrais du phénomène, l'assentiment est aussi prompt, aussi vif qu'unanime; ce que vous avez dit répond si bien à ce que tout le monde sentait, qu'il devient évident que votre analyse traduit fidèlement la conscience commune, qui n'est elle-même qu'une empreinte de la réalité.

Voilà ce que les bornes de ce discours

nous permettaient de dire sur le procédé de transmission et de démonstration de la science des faits internes. On voit que, si ce procédé n'est pas le même que celui des sciences naturelles, cependant il atteint le but, c'est-à-dire qu'il transmet l'idée et opère la conviction. Sans doute, ce procédé a ses limites et ses imperfections : toute notion intérieure n'est pas transmissible à un auditeur ou à un lecteur qui n'a jamais observé; souvent l'idée du philosophe est imparfaitement comprise; souvent la conviction de l'auditeur est incomplète; quelquefois elle est complaisante, quelquefois dupe; mais le procédé de transmission et de démonstration des sciences naturelles est-il à l'abri de ces inconvéniens? C'est une question de savoir s'il est plus difficile à un professeur de chimie de tromper les yeux de ses auditeurs sur les circonstances d'une expérience, qu'à un professeur de philosophie de tromper la conscience des siens sur les caractères d'un phénomène intérieur? C'en est une autre de décider lequel emporte avec lui l'idée la plus exacte, ou de l'élève qui vient de suivre avec ses yeux une expérience chimique qu'il n'a jamais vue, ou de celui qui vient de suivre avec sa conscience la description d'un phénomène intérieur qu'il a mille fois éprouvé? En tout, les notions de la réalité, telles que l'enseignement les transmet, sont rarement exactes, et les convictions qu'il donne, rarement de bon aloi. Un professeur indique plutôt qu'il n'enseigne; il n'y a guère que l'observateur qui sache bien, et qui ait des convictions parfaitement légitimes.

Ceci nous conduit naturellement à examiner de quelle manière, et à quelles conditions s'établit, dans les sciences naturelles, l'authenticité d'une vérité de fait, et à rechercher si les vérités de faits intérieurs ne peuvent pas devenir aussi des vérités authentiques, c'est-à-dire d'une certitude universellement reconnue.

Dès qu'un naturaliste a découvert un fait nouveau, la réalité de ce fait est une vérité pour lui: dès qu'il a publié sa découverte, il s'élève une présomption chez les autres que le fait est vrai. Cette présomption dérive de la confiance naturelle que nous accordons au témoignage des hommes : c'est la même qui nous porte à croire au récit des voyageurs qui reviennent des pays lointains, ou à la déposition d'un témoin désintéressé sur un fait que lui seul a vu. Mais cette présomption n'entraîne pas la conviction, et ne donne pas à la découverte une certitude scientifique; autrement il suffirait d'attester un fait et d'en donner une description pour que ce fait dût être admis dans la science comme suffisamment constaté et démontré.

Aussi l'observateur n'exige-t-il point qu'on reçoive son assertion à ce titre: il a vu le fait, et c'est parce qu'il l'a vu qu'il y croit; il invite les autres à fonder leur conviction sur la même preuve, c'est-à-dire à voir comme il a vu lui-même, et il en indique les moyens.

Tout le monde est donc appelé à vérifier,

par sa propre observation, la réalité du fait dont il s'agit. Or, quand personne ne s'en donnerait la peine, par cela seul que la vérification est offerte et qu'elle est possible, l'assertion du naturaliste prend une probabilité infiniment supérieure à celle qui s'attache au récit du voyageur, ou à la déposition du témoin, dont on ne saurait vérifier l'exactitude. Cependant cette probabilité n'est point encore la certitude; il est prouvé que le naturaliste ne veut point tromper, il ne l'est pas qu'il ne se soit pas trompé.

Mais quand d'autres naturalistes, c'est-à-dire d'autres hommes reconnus capables de bien démêler toutes les circonstances d'une expérience, ont vérifié son observation, et ont vu de leurs yeux le fait tel qu'il l'a décrit, alors son assertion acquiert l'autorité d'une vérité scientifique, parce qu'il devient à peu près certain que l'exactitude de cette assertion sera démontrée à quiconque prendra la peine et voudra se mettre en état de la vérifier. Ceux qui ont fait cette vérification l'ont reconnue; ceux qui ne l'ont pas faite sont convaincus qu'ils la reconnaîtraient s'ils la faisaient.

Voilà ce qu'on appelle *certitude* en matière d'observation sensible. Elle est pour ceux qui ont vu, la confiance au témoignage de leurs sens, et pour le public, la confiance au témoignage de ceux qui ont vu. Cette confiance du public n'est pas seulement fondée sur l'opinion qu'il a de la capacité des observateurs, sur l'unanimité et sur le désintéressement de leur déposition ; elle l'est encore sur cette circonstance caractéristique, que tout le monde peut vérifier le fait attesté : et c'est là ce qui la rend si ferme, et ce qui la distingue profondément de la confiance au témoignage des hommes en matière historique.

Cette courte exposition des conditions de la certitude dans les sciences naturelles, résout, ce nous semble, la question que nous nous sommes proposée. En effet, de quoi s'agit-il pour qu'une observation devienne une vérité de fait démontrée ? non pas que son exactitude ait été constatée par tout le monde; mais qu'elle soit reconnue par les hommes de la science, et qu'elle puisse être vérifiée par quiconque voudra s'en donner la peine. Or, les faits de conscience ne sont-ils pas accessibles à l'observation de tous les philosophes et de tous ceux qui veulent apprendre à remarquer ce qui se passe en eux, comme les faits sensibles le sont à tous les naturalistes et à tous ceux qui veulent apprendre à démêler les circonstances d'une expérience sensible? Quand donc un philosophe présente la description d'un phénomène de conscience, il est loisible, nous ne disons pas seulement à tout autre philosophe, mais encore à tout homme, d'examiner en soi le phénomène indiqué, et de vérifier si la description de l'observateur est fidèle. La vérification est donc possible pour les hommes compétens; elle l'est donc universellement pour tous ceux qui voudront le devenir. Or, ce qu'il y a au monde de plus certain, c'est que les phénomènes intérieurs sont soumis à des lois constantes, et les mêmes dans tous les individus. L'objet de l'observation étant donc le même pour tous les observateurs, et l'observation étant possible, les observateurs ne peuvent manquer, avec l'attention et la bonne foi convenables, d'arriver aux mêmes résultats, c'est-à-dire à des vérités de faits intérieurs légalement reconnues, et constatées d'une manière authentique.

Il y a certainement des points d'observation intérieure sur lesquels on ne s'entendra jamais; ce sont des circonstances qui, non-seulement échappent à la conscience commune, mais qui sont encore trop subtiles, trop délicates pour que le philosophe même puisse les saisir avec précision et netteté. Elles sont pour le sentiment intérieur ce que sont pour ces yeux ces phénomènes sensibles qui ne se laissent que vaguement entrevoir au microscope le plus fort; chaque observateur les comprend à sa manière, selon qu'il croit les voir, ou qu'il pense qu'on doit les supposer. Mais, en faisant à cette classe de phénomènes obscurs une part aussi large qu'on voudra, il restera toujours, dans le monde intérieur, une foule de phénomènes qui se manifestent avec tant d'évidence, qu'il est impossible d'en méconnaître la nature, et beaucoup d'autres sur les circonstances desquels il n'est pas moins difficile de se méprendre, quand on les étudie avec un peu de persévérance et d'attention. Or que sur cette classe de phénomènes les philosophes puissent et doivent s'entendre, non-seulement nous le croyons, mais le contraire nous paraît si dénué d'apparence, que nous ne saurions le concevoir.

La seule condition nécessaire, à notre avis, pour arriver à s'entendre sur la nature d'un phénomène intérieur, c'est que l'inventeur en donne une description exacte et signale avec soin les circonstances dans lesquelles il l'a observé. En effet, s'il néglige ces deux points, ceux qui voudront vérifier son expérience pourront diriger leurs recherches sur un autre phénomène, ou, sans se méprendre sur le phénomène, l'observer dans d'autres circonstances ; alors ils ne trouveront point ce qu'il a trouvé, non que la nature des phénomènes intérieurs varie d'une conscience à une autre, non qu'on ne puisse les discerner avec précision, mais parce qu'il est impossible que deux observations s'accordent quand elles ne portent pas sur le même objet. Voilà, selon nous, la grande et unique cause des dissentimens des philosophes sur les phénomènes de conscience. Jusqu'à présent les philosophes n'ont point pris la peine de décrire avec soin les phénomènes intérieurs, ni surtout de marquer avec précision les circonstances dans lesquelles ils les ont observés. Il en est résulté qu'on ne s'est point entendu, et que chacun parlant d'un phénomène différent, ou d'un cas différent du même phénomène, tous sont arrivés à des descriptions différentes qui ont entraîné d'interminables disputes. C'est ainsi que, depuis l'origine de la philosophie, on soutient, avec un égal avantage, trois ou quatre opinions distinctes sur le fait de la certitude, et sur celui de la liberté. Si l'on voulait examiner avec attention toutes les contradictions de la philosophie en matière de faits intérieurs, on se convaincrait bien vite que ce n'est point des mêmes faits que les philosophes ont des idées différentes, mais de différens faits qu'ils appellent du même nom. Ce n'est pas qu'il soit impossible, ni même difficile de signaler si bien un fait intérieur qu'il puisse être aisément reconnu; c'est uniquement que les philosophes n'en veulent point prendre la peine. Et pourquoi? c'est que la connaissance des faits n'est point leur but. Ils ne songent qu'à résoudre des questions, et ne recourent aux faits qu'accidentellement, et pour justifier les solutions qu'ils ont adoptées. De là vient que, non-seulement ils ne s'arrêtent point à les décrire fidèlement, mais que, de plus, ils n'en sentent, ils n'en remarquent, ils n'en signalent que la partie qui s'accorde avec leur manière de voir.

On ne saurait absolument rien conclure de ce qui s'est fait ou ne s'est pas fait en philosophie jusqu'à présent contre la possibilité de la science des phénomènes intérieurs, parce que la philosophie n'ayant jamais eu pour but direct l'observation de ces phénomènes, n'a jamais pris les mesures convenables pour les constater. C'est une expérience qui ne prouve rien parce qu'elle a été mal faite; il faut donc s'en tenir aux indications qui ressortent de la nature même des choses. Or, nous trouvons que les faits intérieurs sont observables; nous sommes assurés qu'ils sont les mêmes dans toutes les consciences; on ne saurait les montrer, il est vrai, mais on peut les décrire de manière à les désigner nettement à qui voudra les observer. Il nous semble qu'il résulte évidemment de toutes ces circonstances qu'une vérité de fait intérieur peut être constatée d'une manière toute aussi certaine et toute aussi authentique qu'une vérité de fait sensible. Le fait observé par un philosophe peut être désigné d'une manière précise à tous les autres; ceux-ci peuvent donc vérifier son observation sur la réalité même; s'ils la trouvent exacte, les voilà d'accord; s'ils ne la trouvent point exacte, ils peuvent indiquer à leur tour les circonstances du phénomène qui leur semblent omises ou altérées : et comme le fait est le même dans la conscience de tous, il est impossible qu'ils ne finissent point par s'entendre. Dès lors il est évident que la notion de ce fait a les mêmes titres à la confiance publique, et la même certitude scientifique, que la notion du fait sensible le mieux constaté : on ne saurait y voir aucune différence, sinon que l'une, exprimant un fait intérieur, a dû être vérifiée par la conscience, tandis que l'autre exprimant un fait sensible, l'a été par les sens. Si loin que l'on poursuive le parallèle entre les deux sciences, on retombe toujours sur cette diversité fondamentale des phénomènes de conscience et des phénomènes sensibles, qui entraîne toujours celle des moyens, mais qui n'affecte nullement l'égale certitude des résultats.

Ajoutons toutefois une observation en

terminant : bien qu'il soit très-possible de constater un fait intérieur de la même manière qu'un fait sensible, et de revêtir la notion de ce fait des mêmes garanties d'exactitude, long-temps encore ces garanties dont on se contente, et qui sont, aux yeux du monde, des titres satisfaisans d'authenticité en matière de faits sensibles, paraîtront insuffisantes en matière de faits intérieurs. Que dix physiciens attestent un phénomène naturel, le public est complètement convaincu; mais la même conviction s'ensuivrait-elle si dix philosophes s'accordaient sur les caractères d'un fait de conscience, c'est ce que nous ne pensons pas; et cependant elle devrait s'ensuivre, car les raisons de croire sont les mêmes. Cette différence provient d'abord du préjugé que nous avons eu pour but de réfuter dans cette préface, que l'on ne saurait constater d'une manière certaine les faits de conscience; ensuite de l'impression fâcheuse que les éternelles incertitudes de la philosophie ont produites dans les esprits;

enfin, et plus particulièrement encore, de la facilité même de vérifier en soi les observations intérieures. En effet, dès qu'il s'agit de phénomènes de conscience, chacun se croit, non-seulement le droit, mais encore la capacité de juger. Il n'y a point ici, comme dans les sciences naturelles, d'hommes exclusivement compétens ; on ne s'en fie qu'à soi-même, et tout le monde a la prétention de décider si ce qu'on avance est vrai ou ne l'est pas ; en quoi l'on se trompe certainement ; car, si tous les hommes ont la conscience des phénomènes intérieurs, tous les hommes ne sont pas accoutumés à les remarquer, à les observer, à les analyser ; il en est peu qui soient familiarisés avec les procédés de la méthode expérimentale, peu qui sachent même ce que c'est que la loi d'un fait, et bien moins encore qui soient capables de la démêler parmi les circonstances variables qui l'enveloppent. Cette prétendue compétence universelle n'est donc, au delà de certaines limites, qu'un préjugé ; mais ce préjugé existe; ce qui fait qu'au lieu de recevoir une observation intérieure sur le témoignage concordant des hommes de la science, chacun se met à la contrôler, et de la manière du monde la plus légère, d'après d'imparfaits souvenirs de ce que l'on a éprouvé dans telle ou telle circonstance, sans réflexion et sans critique aucune. Il est impossible que de pareilles vérifications, faites le plus souvent au milieu d'un salon, et à l'improviste, n'aboutissent pas à des résultats contradictoires dont la diversité même confirme l'opinion populaire que les vérités de sentiment sont individuelles de leur nature, et ne sauraient être imposées. C'est ainsi que les notions de faits intérieurs les plus légitimement constatées pourront longtemps encore, et tant que les philosophes n'auront pas fait reconnaître leur compétence par d'imposans travaux, aspirer en vain à cette autorité scientifique que les observations des naturalistes obtiennent si facilement. Mais, encore une fois, il ne s'ensuit rien de positif contre la certitude de la science. Les préjugés du public contre la philosophie s'évanouiront, comme tant d'autres, dès qu'on aura pris la peine de les discréditer.

III. *Sentimens des physiologistes sur les faits de conscience.*

Parmi les vérités que nous avons cherché à établir dans les considérations précédentes, les plus importantes, celles qui servent de fondement à toutes les autres, sont actuellement reconnues et plus ou moins explicitement avouées par les physiologistes. En effet, ils conviennent, dans leurs écrits, de la réalité des faits de conscience, de la différence de nature qui les distingue des faits sensibles, de la nécessité de les soumettre à l'observation, et enfin de la possibilité de les constater avec certitude. Ils vont plus loin; ils introduisent dans leur science un certain nombre de ces faits qu'ils admettent avec la même confiance, et qu'ils posent comme aussi incontestables que les faits sensibles de l'organisation humaine. Ce démenti formel donné par les naturalistes eux-mêmes à la maxime du naturalisme sur la certitude, est une confirmation trop imposante de ce que nous avons dit, pour que nous nous contentions de l'indiquer en passant; il est bon de montrer comment les physiologistes ont été amenés, par la nature même de leurs recherches, à reconnaître des vérités généralement niées ou méconnues par le reste des naturalistes. Ce nous sera d'ailleurs une occasion de mettre en lumière le principe de leur méthode, fait curieux de l'esprit humain, dont ils ne se rendent point compte et qui mérite cependant d'être signalé.

Quand on examine comment se conduisent les physiologistes dans l'étude des phénomènes de la vie, on s'aperçoit bientôt qu'ils sont guidés dans cette étude par une idée supérieure et antérieure à leurs recherches, idée qui est vraie pour eux *à priori*, idée qui leur indique à l'avance le but qu'ils doivent poursuivre et les expériences qu'ils doivent faire pour l'atteindre, idée en un mot qui est le principe de leur méthode et sans laquelle ils n'auraient jamais rien découvert, parce qu'ils n'auraient jamais rien cherché. Cette idée est celle des circonstances constitutives, ou si l'on veut des élémens intégrans et nécessaires de tout phénomène.

Ouvrez les livres des physiologistes, vous verrez que l'étude d'un phénomène, ou, comme ils disent, d'une *fonction* quelconque de la vie consiste, pour eux, dans la recherche de cinq circonstances principales : 1° l'organe, qui est le principe du phénomène ; 2° l'occasion excitante, qui détermine l'organe à produire le phénomène ; 3° l'opération, par laquelle le phénomène est produit ; 4° le phénomène lui-même ; 5° la cause finale ou le but pour lequel le phénomène est produit.

Pour donner à nos lecteurs une idée nette de ces cinq circonstances, montrons-les dans un phénomène, celui de la mastication, par exemple : la bouche, la langue, les mâchoires avec les muscles qui les soulèvent, constituent l'appareil organique ou l'organe de la fonction; la faim, la volonté, la présence des alimens sont les occasions excitantes et déterminantes de la fonction; le broiement des alimens, à l'aide de la langue et des dents, est l'opération; le phénomène proprement dit est le changement d'état des alimens qui, après l'opération, se trouvent triturés et imbus de salive; le but du phénomène est immédiatement la possibilité d'avaler les alimens, ultérieurement celle de les digérer, et finalement la nutrition du corps.

Non-seulement l'étude d'une fonction quelconque consiste, pour les physiologistes, dans la détermination de ces cinq circonstances, mais on peut tirer de l'examen de leur méthode, et quiconque l'a étudiée en conviendra, les résultats suivans:

1° Tant que ces cinq circonstances ne sont pas déterminées, ils ne croient pas avoir une idée complète de la fonction;

c'est ce qui a lieu pour la plupart des fonctions vitales, et par exemple pour la sécrétion de la bile : on ne connaît de cette fonction que trois circonstances, l'organe, qui est le foie; le phénomène, qui est la sécrétion de la bile; le but, qui est la digestion : encore ignore-t-on comment la bile contribue à la digestion. Quant à l'opération de la sécrétion et aux circonstances qui la déterminent, elles sont inconnues. Le phénomène de la mastication est du petit nombre de ceux qui sont connus dans toutes leurs circonstances.

2° Dès que toutes ces circonstances sont déterminées, les physiologistes estiment que la fonction est complétement connue, et que toute recherche ultérieure serait inutile. C'est ce qui a lieu pour la mastication : tout le monde croit qu'on sait de cette fonction tout ce qu'on peut en savoir. En effet, on connaît bien les circonstances qui déterminent l'organe à agir; on sait comment il est construit, comment il opère, ce qui en résulte, et à quoi sert ce résultat dans la vie animale. L'esprit se trouve satisfait et ne demande plus rien.

3° Tant que pour un phénomène donné aucune de ces circonstances n'est connue, il est impossible de l'étudier, parce qu'on ne peut soupçonner son existence. Aussi la découverte du premier élément d'une fonction est toujours due au hasard quand elle n'est pas une donnée naturelle, antérieure à la science. L'histoire de la physiologie le prouve.

4° Mais aussi dès que l'une des circonstances est donnée, l'existence de toutes les autres est démontrée. Il ne s'agit plus que de les déterminer; et c'est dans cette conviction et avec les indications fournies par l'élément connu que les physiologistes imaginent les expériences convenables pour découvrir les élémens inconnus. Il suffit, par exemple, de découvrir une nouvelle partie du corps pour être sûr qu'elle sert à quelque chose, pour chercher par conséquent le phénomène qu'elle produit ou qu'elle concourt à produire, la manière dont elle le produit, les circonstances sous l'influence desquelles elle le produit, et la fin pour laquelle elle le produit. De même si on découvre un effet nouveau dans le corps humain, comme par exemple que des gouttes de bile tombent dans l'intestin grêle, on est sûr aussitôt que cet effet est produit d'une certaine façon et pour un certain but, par un organe qui agit sous l'influence de certaines circonstances déterminantes. Ainsi la découverte de l'organe, ou celle de l'effet, ou celle de l'un quelconque des cinq élémens d'un phénomène est une preuve suffisante de l'existence de tous les autres; et c'est parce que l'élément connu les revèle qu'on les cherche. C'est ainsi que la position des valvules des veines a conduit Harvey à la découverte du phénomène de la circulation du sang.

5º Alors même que l'observation ne parvient pas à découvrir toutes les circonstances d'une fonction, les physiologistes n'en sont pas moins assurés que ces circonstances existent. Ainsi, quoiqu'on n'ait jamais pu discerner l'opération de la sécrétion de la bile, on n'en croit pas moins avec une pleine conviction qu'une opération s'accomplit dans l'intérieur de l'organe pour produire la bile.

Tels sont les traits principaux de la méthode des physiologistes dans l'étude des phénomènes de la vie; il s'ensuit que tous leurs procédés sont la conséquence d'une notion première, qui a pour eux l'évidence et l'autorité d'un axiome; savoir que tout phénomène possible implique nécessairement les cinq circonstances ou élémens que nous avons énoncés; car, tant qu'ils n'ont pas déterminé ces cinq circonstances dans l'étude d'une fonction, ils ne regardent pas cette fonction comme complétement connue; car, dès qu'ils les ont déterminées, ils regardent au contraire, comme achevée, l'étude de cette fonction; car, du moment qu'ils connaissent une seule de ces cinq circonstances, ils cherchent les autres; car enfin, alors même qu'ils ne peuvent les découvrir toutes, ils n'en restent pas moins certain que ces circonstances existent. Et ce qui prouverait qu'ils ont raison de regarder ces cinq circonstances comme constitutives de tout phénomène, c'est que tant que l'une, au moins, n'est point connue, l'existence du phénomène demeure parfaitement ignorée, au lieu que dès que l'une d'elles est connue, l'existence du phénomène complet se trouve par cela même démontrée.

Mais d'où vient aux physiologistes cette notion des circonstances constitutives de tout phénomène? Il est évident qu'elle ne leur vient pas de la physiologie elle-même, puisque c'est en vertu de cette notion qu'ils procèdent pour déterminer les phénomènes physiologiques. Ce ne peut être d'ailleurs l'expérience que tel ou tel phénomène renferme ces cinq circonstances constitutives qui lui ait donné naissance; car, de ce qu'on les aurait observées dans un ou plusieurs phénomènes, il ne s'ensuivrait pas qu'elles dussent se rencontrer dans tous. Or, telle est la force de cette notion, que les physiologistes sont assurés que tout phénomène possible comprend ces cinq élémens; au moins procèdent-ils comme s'ils le croyaient fermement. Cette notion ne dérive donc ni de la physiologie ni de l'expérience; elle est plus vieille dans l'esprit des physiologistes que la physiologie elle-même; et ce qu'elle a d'universel, d'applicable à tous les cas, repousse la supposition qu'elle soit une vérité d'expérience, puisque l'expérience ne peut jamais atteindre tous les cas possibles. Si l'on veut bien y penser, on reconnaîtra dans cette notion un de ces principes du sens commun, un de ces axiomes évidens par eux-mêmes, qui se trouvent on ne sait comment dans l'intelligence de tous les hommes, et qui nous révèlent avec une certitude que nous ne songeons ni à examiner ni à contester, des vérités que nous n'avons jamais apprises, et que nous ne pourrons jamais vérifier.

De même que tout changement, c'est-à-dire tout phénomène a nécessairement une cause à nos yeux, de même toutes les fois qu'une cause produit un effet, nous sommes assurés qu'elle opère d'une certaine manière pour le produire; et de même que l'idée d'une opération s'associe inévitablement dans notre esprit à celle de la production d'un effet par une cause, de même nous ne pouvons concevoir qu'une cause agisse à propos de rien, ni qu'elle produise un effet inutile. Tout ce qui arrive a pour nous non-seulement une *cause* mais une *fin*, non-seulement une *fin* mais une *raison* d'arriver; en sorte que l'idée de *changement* ou de *phénomène* entraîne nécessairement après elle celles de *cause*, *d'opération*, de *but* et de *raison suffisante*. Aucune de ces idées ne saurait être détachée des autres; l'une ne vient pas qu'elles ne viennent toutes; elles forment ensemble l'idée complète de la production d'un phénomène, et nous sommes convaincus que cette idée est l'expression vraie, universelle de la nature des choses; c'est pourquoi, dans l'application, dès qu'un phénomène nous est signalé par l'une de ces circonstances constitutives, nous concevons aussitôt toutes les autres, et sommes convaincus qu'elles existent, soit que nous puissions ou que nous ne puissions pas les découvrir.

Le principe de la méthode des physiologistes n'est autre chose que cette conception naturelle des élémens constitutifs d'un phénomène, avec cette seule différence qu'ils voient la cause dans l'organe, c'est-à-dire dans la partie du corps qui est le théâtre de la production du phénomène; cette modification est importante et vaut la peine qu'on l'explique.

A l'exception de la cause que nous sentons penser et agir en nous, toutes les autres causes échappent à notre observation. Dans l'étude des phénomènes naturels nous sommes donc toujours réduits à concevoir qu'elles existent sans pouvoir jamais les déterminer. C'est pourquoi l'idée que nous nous faisons d'une cause quelconque est toujours la même, c'est-à-dire celle d'une force ou d'un principe qui a la capacité de produire les effets que nous voyons. Il n'y a rien de matériel dans cette idée; au contraire, la différence est si grande entre l'idée que nous nous faisons d'une force et celle que nous avons d'un corps, que nous regardons la force comme incorporelle de sa nature, bien que nous puissions par hypothèse lui donner un corps pour résidence, ou même la concevoir comme la propriété d'un corps. Quand donc nous voyons un phénomène se produire, et que nous lui supposons une cause, ce n'est point à un corps ni à certaine partie d'un corps que nous le rapportons, mais à une force inconnue dont l'idée n'implique nullement celle de corps ni celle de matière : telle est l'induction naturelle; et en physique, où les phénomènes se produisent à peu près indifféremment dans tous les corps, nous nous y arrêtons. Mais, quand un effet se manifeste toujours et exclusivement dans un certain corps ou dans une certaine partie d'un corps, outre que nous lui supposons une cause, nous concevons que le corps particulier ou la partie de ce corps où il se manifeste, a été organisé de manière à ce que cet effet s'y produisît; et cette supposition devient une conviction quand nous saisissons, entre l'organisation du corps ou de la partie et l'effet qui s'y produit constamment, des rapports d'appropriation ou de dépendance. C'est ce qui arrive pour tous les phénomènes particuliers aux êtres organisés : il y a une telle connexion entre chacun de ces phénomènes et la partie du corps où il se produit, que non-seulement le phénomène ne se produit jamais ailleurs, mais qu'en outre, en altérant ou supprimant la partie, on altère ou l'on supprime le phénomène; souvent même il est possible d'apercevoir de quelle manière la construction de la partie matérielle contribue à la production du phénomène. Quand il en est ainsi, l'idée du phénomène ne s'associe pas seulement, comme de coutume, à celle d'une force qui le produit, mais encore à celle de la partie matérielle, qui est l'organe exclusif, et semble être l'instrument indispensable de la production. Alors, comme il paraît évident que la cause ne peut produire sans l'organe, la cause, aux yeux de la science, se localise naturellement dans l'organe; l'organe, qui est visible, devient le représentant de la cause qui ne l'est pas, et l'on finit par confondre et par identifier ces deux conditions du phénomène.

Voilà par quel chemin les physiologistes sont arrivés à substituer partout l'organe à la cause dans la conception des élémens constitutifs d'un phénomène; et comment, par exemple, au lieu de distinguer dans le phénomène de la digestion la cause de la digestion qui est inconnue, et l'organe de la digestion qui est l'estomac, ils en sont venus à ne considérer que l'estomac, qui est à la fois pour eux le principe et l'instrument du phénomène. Sans doute il est indifférent, dans l'étude d'un phénomène particulier, de prendre ainsi l'organe pour la cause; car, d'une part, la cause étant insaisissable, l'observation ne peut remonter au delà de l'organe, et de l'autre cette cause agissant toujours par l'organe, rattacher le phénomène à l'organe, c'est le rattacher à la cause. Toutefois, comme on n'altère jamais la vérité sans inconvéniens, cette confusion dans la science de deux idées distinctes en elles-mêmes, a entraîné les physiologistes dans un système entièrement hypothétique sur le principe des phénomènes de la vie. A force de confondre les deux idées, ils ont fini par regarder comme une vérité démontrée l'identité des deux choses. Chaque organe est devenu pour eux le principe des phénomènes qui s'y produisent : l'estomac, de la digestion ; le foie, de la bile ; le cerveau, de la pensée. Et, comme chaque organe n'est qu'une réunion de molécules matérielles, pour expliquer comment de cette réunion de molécules peut résulter une force, il a fallu attribuer à l'agrégation la vertu qui manque aux élémens; il a fallu concevoir que des molécules qui n'ont point par elles-mêmes la propriété de penser, de digérer, de sécréter la bile, puisqu'elles ne la conservent pas lorsque l'agrégation est dissoute, constituent, par leur agencement seul, des causes capables de penser, de sécréter la bile, et de digérer. Il a fallu, en un mot, faire de la force vitale une résultante d'une foule de forces particulières, qui ne sont elles-mêmes chacune que des résultantes de l'organisation particulière des différens organes corporels. Or, une pareille théorie n'est qu'une hypothèse ; car, si l'on peut regarder comme démontré que l'organe est indispensable à la production du phénomène, il n'y a ni fait, ni induction, ni analogie qui portent à croire que l'organe soit le principe de cette production. Non-seulement la supposition de la distinction de la cause et de l'organe, s'accorde tout aussi-bien avec les faits ; mais il nous serait facile de prouver que cette dernière hypothèse n'implique ni les contradictions que l'on trouve dans la première, ni les conséquences, pour le moins étranges, qui en découlent.

Du reste, quelque opinion que l'on adopte sur cette question particulière, il reste évident que l'organe des physiologistes n'est autre chose que la cause inconnue du phénomène, identifiée, à tort ou à raison, avec la partie du corps où le phénomène se manifeste. On ne saurait donc méconnaître, dans l'idée qui préside à leurs recherches, la notion absolue des circonstances constitutives de tout phénomène, pas plus qu'on ne peut méconnaître dans les procédés de leur méthode l'inspiration continuelle et féconde de cette notion.

C'est un fait trop peu remarqué, et qui mérite cependant de l'être, que le rôle que jouent dans les sciences d'observation certaines vérités primitives conçues par la raison. Les axiomes ne sont point, comme on le pense communément, la propriété exclusive des sciences de raisonnement. Les sciences de faits ont aussi les leurs, sans lesquels l'observateur ne saurait faire un pas, ni comprendre la nature. La notion des circonstances constitutives de tout phénomène, porte tous les caractères, et exerce dans les recherches naturelles, toute l'influence d'un véritable axiome. Cette notion n'est autre chose que la loi nécessaire de tout phénomène, que l'expression de ce qui se passe inévitablement toutes les fois qu'un changement se produit dans la nature. D'où nous vient la connaissance de cette loi? d'où savons-nous qu'elle est universelle? Sur quel fondement croyons-nous que tous les phénomènes présens, passés et futurs, dans quelque coin de l'espace qu'ils aient pu ou qu'ils puissent se produire, y sont soumis? Nous l'avons déjà dit, cette conviction n'est point le fruit de l'expérience. L'expérience n'atteint point tous les cas, et, dans les phénomènes qu'elle saisit, elle ne verrait jamais autre chose que des faits qui se succèdent, si la notion même de la loi de tout phénomène ne lui aidait à découvrir les rapports qui existent entre ces faits. La loi de tout phénomène est une pure conception de la raison, comme tous les axiomes possibles : la première fois qu'un changement nous apparaît, nous comprenons aussitôt que ce changement est un effet, qu'il a une cause, que cette cause a opéré pour le produire, qu'elle a été déterminée à le produire par quelque influence déterminante, et qu'enfin cet effet devient lui-même une cause et produit à son tour quelque résultat. Nous concevons tout cela par la seule réflexion, avant que l'observation ait constaté la cause, l'opération, la raison suffisante et le résultat : tout cela nous paraît vrai, non parce que nous voyons que cela est, mais parce que nous comprenons que cela doit être ; et, précisément à cause de cette nécessité, notre raison l'applique hardiment à tous les cas possibles, et le conçoit comme la loi universelle de tout phénomène.

Sans cette révélation primitive, la nature ne serait pour nous qu'une énigme inintelligible, et les données de l'observation, que des notions stériles. Nous verrions des faits, nous pourrions les constater; mais, comme nous ne saurions pas qu'ils ont des causes et des résultats, nous ne chercherions point, ni de quels autres faits ils dépendent, ni comment ils en dérivent, ni quelles conséquences ils entraînent. Chaque fait demeurerait donc isolé à nos yeux, et, par là même, la connoissance de ces faits deviendrait complétement insignifiante; car ce n'est point le fait lui-même qu'il importe de connaître, mais sa loi, c'est-à-dire son origine et ses suites. A quoi nous servirait de savoir que les aliments s'altèrent dans l'estomac si nous ne savions ni pourquoi, ni comment, ni à quel fin? cette information nous donnerait-elle la moindre intelligence du phénomène de la digestion, et la médecine pourrait-elle en tirer le moindre renseignement pour remédier aux désordres de cette fonction? et comment découvririons-nous les causes, le mode, et le but de la production de ce phénomène, si notre raison ne nous apprenait pas que tout phénomène est produit d'une certaine manière, par de certaines causes, pour un certain but, et ne dirigeait pas l'observation à la recherche de ces circonstances? La nature est un drame dont la raison seule nous révèle l'intrigue. Pour nos yeux le monde des phénomènes n'est qu'une collection incessamment changeante de faits isolés; c'est un spectacle qui n'a point de sens : la raison lui en donne un, en nous révélant dans chaque phénomène la conséquence et le principe d'un autre, et, dans l'ensemble de tous les phénomènes, un enchaînement immense de causes et d'effets dont l'ordre universel est l'admirable résultat. Et telle est la simplicité de cette révélation, qu'elle est contenue tout entière dans la conception si triviale, mais en même temps si sublime et si féconde de la loi absolue de tout phénomène.

Cette conception est l'axiome fondamental de toutes les sciences de faits, le flambeau de leurs recherches, l'âme de leur méthode; les procédés des physiologistes dans l'étude des phénomènes de la vie n'en sont que des conséquences. L'idée d'un phénomène n'étant autre chose, dans notre esprit, que la conception des circonstances qui le constituent, tant qu'une fonction de la vie ne se manifeste par aucune de ces circonstances, nous l'ignorons complétement; mais aussitôt que l'une de ces circonstances nous apparaît, en vertu de la notion qui est en nous, l'existence de la fonction tout entière nous est démontrée, et, en vertu de la même notion, nous concevons les circonstances qui nous échappent. Il ne reste plus qu'à les déterminer. C'est pour les découvrir que le physiologiste fait des expériences, opération impossible ou inutile s'il n'avait d'avance l'idée de ce qu'il cherche, et s'il ne possédait dans son esprit les signes auxquels il peut le reconnaître. Tout problème physiologique se ramène inévitablement à la formule suivante : Une ou plusieurs des circonstances constitutives d'une fonction étant données, déterminer les autres. C'est le hasard qui fournit la donnée du problème, et l'observation qui le résout; mais c'est la raison qui le conçoit et qui le pose : sans elle il n'y aurait point de recherches, point de solution, parce qu'il n'y aurait rien à chercher, rien à résoudre.

Ce qui est vrai de l'étude de chaque fonction, est vrai de l'étude de la vie elle-même. En effet, la vie n'est qu'un grand phénomène. Pour étudier la vie il a fallu que quelque chose de la vie se manifestât naturellement à l'observation, et nous révélât son existence. Cette manifestation naturelle de la vie a été le point de départ de la science, et fonde encore à présent ses grandes divisions.

On s'est aperçu de tout temps que l'homme se conserve, qu'il se reproduit, et qu'il est en relation avec les choses extérieures : ces trois phénomènes, manifestes pour tout le monde, ont conduit à chercher comment ils se produisent, et l'étude des fonctions de *nutrition*, de *reproduction* et de *relation* a commencé.

On a bientôt découvert que chacun de ces grands phénomènes n'est que le résultat de plusieurs phénomènes particuliers, et dérive non pas d'une opération simple exécutée dans un organe unique, mais d'une série d'opérations particulières, exécutées dans un grand nombre d'organes différens, cachés dans les diverses parties du corps. Alors on a subdivisé les premières divisions, et observé les fonctions de détail à mesure que l'une de leurs circonstances constitutives a révélé leur existence.

C'est là qu'en est la science. Elle cherche et observe les fonctions particulières pour arriver à comprendre les fonctions générales. Elle sera finie quand les fonctions particulières étant déterminées, et leur harmonie découverte, les fonctions générales seront comprises, et quand l'harmonie des fonctions générales étant conçue, l'énigme de la vie elle-même sera expliquée.

Telle est la méthode des physiologistes. Si nous sommes parvenus à donner à nos lecteurs l'intelligence de la notion fondamentale qui la constitue, il nous sera facile de leur faire comprendre comment les physiologistes ont rencontré sur leur chemin certains faits de conscience, et ont été forcés de les reconnaître et de les adopter.

Parmi les phénomènes de la vie, il en est qui sont tout-à-fait indépendans du principe intelligent, volontaire et sensible. Tels sont, à peu de chose près, tous les phénomènes qui constituent les fonctions de *nutrition* et de *reproduction*. Ce n'est point le principe intelligent, volontaire et sensible, qui les détermine, ce n'est point lui qui les produit, ce n'est point en lui qu'ils s'accomplissent. Toutes les circonstances constitutives de ces phénomènes lui sont extérieures, et comme nous n'avons conscience que de ce qui se passe en lui, aucune de ces circonstances ne nous est donnée par la conscience. Toutes sont des faits matériels que l'observation sensible nous révèle.

Mais il n'en est pas ainsi des phénomènes qui constituent les fonctions de *relation*.

Loin de là, le principe intelligent, volontaire et sensible, intervient toujours dans l'accomplissement de ces phénomènes. C'est lui qui en est toujours le point de départ ou le sujet. Dans le phénomène de la sensation c'est lui qui sent; dans le phénomène de la perception des choses extérieures, c'est lui qui connaît; dans le phénomène de l'action volontaire, c'est lui qui veut. La circonstance déterminante de ce dernier phénomène se produit donc en lui, et c'est en lui que les deux premiers viennent s'accomplir. En d'autres termes, la volonté, la sensation et l'idée, élémens intégrans de tout phénomène de *relation*, sont des faits de conscience qui ne tombent point du tout sous l'observation sensible.

Il y a plus : c'est par ces trois circonstances, que l'existence des phénomènes de relation nous est primitivement révélée. Antérieurement aux recherches physiologiques, que savons-nous, en effet, des fonctions de relation? nous savons que nous connaissons les choses extérieures, qu'elles nous donnent des sensations, et que nous avons le pouvoir d'agir volontairement. Telle est la première idée, l'idée naturelle que nous avons des fonctions de relation. La sensation, la volonté, la connaissance, sont donc les premières circonstances connues de ces fonctions, celles qui nous révèlent leur existence; et c'est d'elles aussi que nous partons, d'abord pour concevoir, ensuite pour découvrir les autres circonstances purement physiologiques des phénomènes de relation. Nous nous demandons : Comment sentons-nous, comment connaissons-nous les choses extérieures, comment s'exécutent les mouvemens que nous avons voulus? et c'est en vertu de ces questions, que la physiologie a constaté par des expériences l'intervention des nerfs et du cerveau dans la production de la sensation et de l'idée, celle du cerveau, des nerfs et des muscles dans l'exécution des divers mouvemens volontaires. Si notre conscience ne nous avait pas appris que nous sentons, que nous connaissons, que nous voulons, jamais nous n'aurions cherché, et par conséquent, jamais nous n'aurions découvert les circonstances matérielles des phénomènes de relation. Non-seulement donc la volonté, la sensation et l'idée, qui sont des faits de conscience, entrent comme circonstances constitutives dans tout phénomène de relation; mais c'est par elles encore que ces phénomènes nous sont révélés, et d'elles que nous partons pous les étudier.

Nous trouvons donc les faits de conscience tellement impliqués dans les fonctions de relation, qu'il est impossible, non-seulement de concevoir ces fonctions d'une manière complète, mais même de s'en former une idée, si l'on ne tient point compte de ces faits. Il est facile à présent de comprendre par quelle nécessité les physiologistes ont été forcés de les admettre dans la science des phénomènes de la vie, bien qu'ils ne tombent ni sous le scalpel, ni sous le microscope. En réduisant les phénomènes de *relation* à leurs élémens physiologiques, ils n'auraient pas seulement mutilé la notion de ces phénomènes, mais ils seraient tombés dans la plus étrange des contradictions; car, comment nier la sensation, quand on cherche de quelle manière elle est produite? comment nier l'idée des choses extérieures, quand on cherche de quelle façon elle nous est donnée? comment, enfin, nier la volonté, quand on cherche par quels ressorts sont exécutés, dans notre organisation, des mouvemens dont le caractère spécial est d'être volontaires? Il fallait évidemment, de deux choses l'une, ou renoncer à étudier les fonctions de relation, ou reconnaître comme faits authentiques et incontestables la volonté, la sensation, et la connaissance. En niant ces trois faits de conscience, les physiologistes auraient nié le point de départ de leurs recherches; ils auraient nié les fonctions de relation elles-mêmes; car, si nous ne sentons pas, si nous ne connaissons pas, si nous ne voulons pas, il n'y a plus de relation entre nous et les choses extérieures; il ne reste que des impressions qui ne viennent pas jusqu'à nous, et des mouvemens qui n'en partent point.

Certes, les physiologistes n'ont point hésité un moment devant de pareilles contradictions; ils ne les ont pas même envisagées. De même qu'ils suivent leur méthode sans en comprendre le principe, de même ils ont admis les faits de conscience, par simple bon sens, et sans se rendre compte des nécessités qui leur en faisaient une loi. Toutefois, ils ne pouvaient introduire dans leurs résultats des élémens si différens des faits sensibles, sans s'apercevoir de cette différence. Les faits de conscience une fois acceptés, il fallait nécessairement reconnaître que ces faits sont d'une autre nature, et autrement perçus que les faits sensibles; car ils sont invisibles et intangibles : une fois acceptés comme réels et comme certains, il fallait nécessairement avouer qu'il y a des faits que nous ne pouvons ni voir, ni toucher, et que nous pouvons cependant sentir, observer, constater avec certitude. Il fallait, en un mot, reconnaître deux ordres de faits également réels, deux modes d'observations également possibles, deux autorités en matière de faits également incontestables, et deux sciences d'observation distinctes par leurs objets, leurs instrumens et leurs procédés, mais également authentiques. Tous ces aveux devaient nécessairement suivre l'admission des faits de conscience dans la science physiologique; car ils ne sont que des conséquences de cette admission. Aussi les trouve-t-on, pour la plupart, explicitement exprimés dans les traités modernes de physiologie. A la différence des formes près, il est évident que les physiologistes éclairés professent aujourd'hui sur la réalité des faits internes et sur la nécessité de les soumettre, comme les faits naturels, aux procédés de la méthode expérimentale, les mêmes principes que nous avons cherché à établir dans le cours de cette préface.

Grâce à cet exemple, on a le droit d'espérer que le règne de la maxime exclusive du naturalisme sur le principe de la certitude touche à sa fin, et que les naturalistes ne tarderont pas à revenir d'une opinion qu'ils ont adoptée sans examen, qu'ils ne conservent que par habitude, et que les physiologistes n'ont désertée les premiers que parce que la nature de leurs recherches les a conduits à reconnaître plus tôt son peu de fondement.

Les naturalistes croient fermement, avec tout le monde, que l'homme pense, qu'il veut, et qu'il sent; ils n'hésiteraient pas à donner place à ces faits parmi les plus certains de ceux qu'ils constatent, et à les signer de leur nom. Mais de quelle manière découvrons-nous ces faits, et acquérons-nous la certitude de leur réalité? voilà une question à laquelle les naturalistes ne songent pas, tant que leurs recherches n'ont pour objet que la marche des astres, la conformation de la terre, les cailloux, les plantes, l'anatomie comparée des animaux, les phénomènes physiques et chimiques; et cependant, découvrant tout ce qu'ils trouvent avec leurs sens, ils embrassent peu à peu l'opinion que tous les faits susceptibles d'une certitude scientifique sont sensibles, et que l'observation sensible est la seule source certaine de la connaissance. Cette opinion s'enracine en eux et tourne en système arrêté. Quand à la fin quelques-uns d'entre eux viennent à prendre l'homme pour objet de leurs études, ils poursuivent d'abord comme ils ont toujours fait : armés du scalpel et de la loupe, ils dissèquent, ils comptent les parties, ils observent les mouvemens et tous les autres phénomènes qui tombent sous les sens. Cela va à merveille tant que l'observateur n'est pas sorti des limites de l'anatomie et des phénomènes de la nutrition et de la génération; mais au delà les choses se compliquent. On ne saurait faire abstraction de la volonté dans les mouvements volontaires; de la sensibilité et de l'intelligence, dans les phénomènes de la vision et de l'audition. Il faut donc faire intervenir les idées, la sensation, les actes de la volonté. C'est alors que le naturaliste est frappé de la différence profonde qui existe entre ces faits et les faits naturels. C'est alors qu'il ne peut s'empêcher de remarquer que les uns ne tombent pas sous sa connaissance de la même manière que les autres. C'est alors qu'il s'étonne, dans ses habitudes et dans ses principes de naturalisme, de la confiance avec laquelle il accepte des faits qu'il n'a ni vus ni touchés. C'est alors peut-être qu'il hésite, qu'il est tenté de les rejeter comme des illusions, ou des croyances suspectes, étrangères à la science. Mais c'est alors aussi qu'il s'aperçoit qu'un pareil scepticisme serait de la folie, et que son bon sens l'emportant sur les idées étroites et classiques de son éducation scientifique, il reconnaît enfin la réalité de ces faits d'une autre nature, et toutes les conséquences qui s'ensuivent.

Mais, si l'on veut y réfléchir, on s'apercevra que tous ces aveux sont déjà implicitement renfermés dans la croyance irréfléchie des naturalistes, que l'homme sent, veut et pense; car, si ce sont là des faits certains, comme ces faits ne viennent pas de l'observation sensible, il y a des faits certains découverts et constatés d'une autre manière. Mais cette conséquence est cachée dans la conviction des naturalistes, ils ne l'y soupçonnent pas; et c'est faute de la remarquer qu'ils demeurent dans leur opinion exclusive sur le principe de la certitude. Cette opinion n'est donc, comme nous le disions, qu'un préjugé sans consistance, qui ne peut manquer de s'évanouir, comme tant d'autres, devant les lumières du sens commun.

IV. *Du principe des phénomènes de conscience.*

Il resterait maintenant à examiner, si, de même qu'il y a en nous des faits d'une autre nature que les faits sensibles, il n'y aurait pas aussi en nous une réalité d'une autre nature que la réalité sensible, une *ame*, comme on dit, distincte du corps, et à laquelle il fallût rapporter tous les faits de conscience comme à leur principe ou à leur sujet véritable? En d'autres termes, doit-on croire à un être spécial dont la sensibilité, la volonté, l'intelligence, seraient les attributs spéciaux, et qui serait distinct des réalités matérielles comme ces phénomènes le sont des phénomènes sensibles? ou bien est-il plus à propos de penser que ces phénomènes émanent de quelque organe du corps, dont la fonction serait de les produire, comme la fonction de l'estomac est de digérer, et celle du foie de sécréter la bile?

Assurément cette question est fort importante en elle-même ; mais quelque solution qu'on lui donne, ce que nous nous sommes proposé de prouver dans ce discours n'en restera pas moins vrai. Soit, en effet, que l'on admette une *ame*, soit que l'on rapporte au cerveau, ou à tout autre organe, les phénomènes que ses partisans lui attribuent, il n'en est pas moins indispensable, si l'on veut connaître complètement la nature humaine, de faire la science des phénomènes de conscience. Car à quelque principe que l'on rattache ces phénomènes, toujours est-il qu'il font partie et certainement une partie très-importante des phénomènes de la nature humaine; toujours est-il que ces phénomènes n'étant point perceptibles à l'observation sensible, il est nécessaire de les rechercher par l'observation interne, qui seule les atteint; toujours est-il, en un mot, que la science de ces faits doit être élevée en même temps que la physiologie, emprunter son secours, lui prêter le sien, afin que par leur concours, on tire enfin la science de l'homme des ténèbres où elle est perdue, et dans lesquels elle continuera de languir, tant qu'on ne prendra l'homme que par un côté, tant qu'on commencera par le mutiler pour le connaître.

Il n'est pas moins évident que le parti qu'on peut prendre dans cette question, n'intéresse nullement l'étude des phénomènes intérieurs, pas plus que celle des phénomènes physiologiques. Car à quelque principe que puissent se rattacher les faits de conscience, ils n'en sont pas moins ce qu'ils sont; la nature de leurs lois n'en demeure pas moins ce qu'elle est. La science de ces faits et des lois qui les gouvernent, est donc parfaitement indépendante de la solution du problème dont il s'agit. On peut procéder avec la même sécurité à l'observation des uns et à la recherche des autres, soit qu'on lui donne une solution, soit qu'on le laisse indécis.

On aurait donc tort d'attaquer la certitude de la science des faits de conscience, en objectant l'incertitude de la question de leur principe; et de ce que les physiologistes et les métaphysiciens ne seraient pas du même avis sur la nature du sujet intelligent, volontaire et sensible, il ne s'ensuivrait pas qu'ils ne pussent s'accorder sur la nature des phénomènes de l'intelligence, de la sensibilité et de la volonté. C'est dans l'intérêt de cette vérité, et tout à la fois pour remettre à sa véritable place et ramener à ses véritables termes une discussion célèbre, que nous ajouterons quelques considérations rapides sur le problème de la nature de l'ame.

En examinant de près les deux opinions bien connues qui partagent les esprits sur cette question, on trouve qu'elles ne sont pas si différentes qu'on le pense, et qu'il y a bien plus de malentendu que de véritable contradiction entre les métaphysiciens et les physiologistes.

Car, que pensent les métaphysiciens ? Ils pensent qu'il y a quelque chose dans l'homme qui a la propriété de sentir la douleur et le plaisir, et la faculté de vouloir, de connaître et de penser.

Que pensent les physiologistes ? Comme ils ne nient pas tous ces faits, ils ne peuvent nier non plus que nous n'ayons la capacité d'éprouver les uns et la faculté de produire les autres. Seulement ils attribuent au cerveau cette capacité et cette faculté;

et pourquoi? parce que leurs expériences leur ont démontré que les nerfs, qui sont les conducteurs des sensations et les instrumens des perceptions et des volontés, aboutissent au cerveau ou en partent, et de plus qu'en faisant subir au cerveau certaines altérations, on altère ou même on suspend les différentes propriétés ou facultés dont il s'agit.

Les métaphysiciens ne pouvant nier ces faits sont obligés de reconnaître, avec les physiologistes, que dans l'homme, tel qu'il est, la production des phénomènes de conscience dépend du cerveau.

A quoi se réduit la différence? à ce que les physiologistes disent que c'est le cerveau qui est le sujet ou le principe de ces phénomènes, tandis que les métaphysiciens soutiennent que ce sujet ou ce principe est distinct du cerveau, bien que le cerveau soit actuellement la condition indispensable des modifications qu'il éprouve, et l'instrument nécessaire des actes qu'il produit.

Les métaphysiciens fondent leur opinion sur ce que la conscience atteste que c'est la même chose en nous qui veut, qui sent et qui pense; car nous avons la conscience que nous voulons, que nous pensons, que nous sentons. Ce qui a conscience est par conséquent identique et avec ce qui veut, et avec ce qui sent, et avec ce qui pense; d'où il suit que le principe qui veut, celui qui pense, et celui qui sent, ne sont qu'un seul et même principe, qui a conscience de tout ce qu'il fait et de tout ce qu'il éprouve.

Non-seulement la conscience atteste que c'est le même principe qui veut, qui sent et qui pense, mais elle atteste encore, et toute la conduite de l'homme le prouve, qu'il n'y a pas en nous vingt principes qui veuillent, sentent et pensent. Elle n'a le sentiment que d'un seul.

Le sujet des faits de conscience est donc non-seulement simple, il est encore unique.

S'il est simple et unique, il ne peut être la matière cérébrale, car elle est composée d'une infinité de parties; si ces parties étaient douées chacune de volonté, de sensibilité et d'intelligence, il y aurait autant de principes volontaires, sensibles et intelligens qu'il y a de ces parties ; ce qui est contraire non-seulement à la conscience mais à toute la conduite de l'homme. S'il n'y a qu'une de ces parties qui en soit douée, cette partie n'est plus identique aux autres ; c'est véritablement un être d'une autre nature, résidant dans la matière cérébrale, mais qui n'est pas la matière cérébrale.

D'où les métaphysiciens concluent que le principe des faits de conscience peut bien être dans le cerveau, mais ne peut pas être le cerveau.

Mais les physiologistes ont trop de bon sens pour croire que la matière blanche ou grise du cerveau soit composée de mollécules pensantes, voulantes et sentantes. Ils considèrent ces différentes parties du cerveau comme composant, par leur agencement, un organe unique qui jouit de différentes propriétés qui sont les siennes, et non celles des parties qui le composent, tout de même que les parties qui composent l'estomac forment, par leur arrangement, un organe qui a la propriété de digérer, sans que ces parties aient elles-mêmes cette propriété.

Tout en rapportant au cerveau les faits de conscience, ils reconnaissent donc, comme les métaphysiciens, un principe unique qui sent, veut et pense. Les métaphysiciens et les physiologistes sont donc parfaitement d'accord sur tous les points, excepté sur un seul; c'est que ceux-ci prétendent que ce principe, sur l'unité et les propriétés duquel ils s'entendent très-bien, est un organe, le cerveau; tandis que les métaphysiciens prétendent que ce principe n'est point le cerveau, qu'il en est distinct, bien qu'il y ait probablement son siége, et que cet organe soit certainement son instrument.

Nous ne nions point que ces deux opinions n'aient des conséquences différentes; car l'organe se dissolvant, comme il est de fait qu'il se dissout à la mort, le principe périt, tandis qu'il peut ne pas périr s'il en est distinct. Nous n'examinerons pas même pour le moment laquelle de ces deux opinions est la plus intelligible.

Mais nous ferons observer que les métaphysiciens et les physiologistes sont parfaitement d'accord sur tout ce qui est d'observation. Les premiers ne disconviennent d'aucun des faits sensibles constatés par les seconds, et ceux-ci ne rejettent aucun des faits de conscience mis en avant par les premiers. Partant de ces faits communs, ils s'accordent encore sur tout ce qu'il est possible d'en induire de certain, relativement au principe des phénomènes de conscience. Ils conviennent de part et d'autre qu'il doit être capable de sentir, de vouloir, de penser; qu'il doit être simple, qu'il est unique; les faits exigent qu'on le revête de tous ces attributs : personne ne les lui conteste.

Où commence la dissidence? au delà des faits, au delà des inductions rigoureuses de ces faits, au point où commencent les hypothèses. Car les physiologistes n'ont jamais vu et ne pourront jamais voir si c'est le cerveau lui-même qui sent, veut et pense; et, en second lieu, toutes leurs expériences, sur la liaison qui existe entre cet organe et les phénomènes de conscience, peuvent aussi bien s'expliquer dans la supposition que le cerveau n'est, comme les nerfs, qu'un intermédiaire entre le principe volontaire, intelligent et sensible, et les choses extérieures, que dans la supposition qu'il est lui-même ce principe. D'où il suit que cette dernière assertion est purement hypothétique.

Il est possible, d'un autre côté, qu'on puisse trouver dans une connaissance plus étendue et plus profonde des faits de conscience des raisons démonstratives en faveur de l'opinion qui les rapporte à un principe distinct de l'organe cérébral, ou qu'en examinant de près l'hypothèse des physiologistes, on puisse la réduire à l'absurde; nous avons même des motifs particuliers de le croire: mais, jusqu'ici, on est forcé de convenir que rien de complètement décisif n'a été produit; autrement les physiologistes se seraient rendus à l'évidence, comme ils se sont rendus à l'évidence des autres faits de conscience dont ils conviennent, et la question n'en serait plus une. L'opinion qui attribue les faits de conscience à un principe distinct de tout organe corporel, peut donc aussi, jusqu'à présent, être considérée comme une hypothèse.

Les métaphysiciens et les physiologistes sont donc d'accord, autant qu'on peut exiger qu'ils le soient, dans l'état actuel de la science. Ils conviennent de ce qui est certain; sur le reste il était tout simple qu'ils se divisassent. Les uns, accoutumés à considérer comme une vérité démontrée l'identité des organes et des causes, et à rapporter chaque phénomène à la partie du corps affectée à sa production, ne devaient pas faire une exception pour les phénomènes de conscience, malgré leur nature spéciale : et les autres, ne trouvant ni organe ni condition matérielle dans le spectacle de la conscience, devaient naturellement attribuer les faits immatériels qu'ils observaient à un principe de même nature.

La diversité de sentimens des métaphysiciens et des physiologistes, sur le principe des phénomènes de conscience, est donc toute naturelle. Nous désirerions, seulement pour le bien de la science, qu'ils ne fussent point dupes de leurs opinions, et qu'ils ne prissent point de simples suppositions pour des vérités incontestables. C'est pourquoi nous sommes fâchés que M. Magendie ait écrit cette phrase: «Le phy« siologiste reçoit de la religion la croyance « consolatrice de l'existence de l'ame; mais « la sévérité de langage et de logique que « comporte maintenant la science, exige « que nous traitions de l'intelligence hu« maine comme si elle était le résultat d'un « organe.(1)» Pour que la sévérité de logique que comporte la science exigeât pareille chose, il faudrait, ce nous semble, ou que la production des phénomènes intellectuels

---

(1) Précis élémentaire de physiologie. t. I. p. 175, 2ᵉ édit.

par un organe ne fût pas une hypothèse, ou, tout au moins, qu'elle fût une hypothèse plus claire, plus vraisemblable, plus conforme aux faits que la supposition contraire. Or, sans vouloir entrer ici dans le fond de la question, nous ne croyons pas que l'on puisse contester les vérités suivantes :

1°. Attribuer à un appareil organique quelconque la vertu de produire certains phénomènes, c'est lui attribuer une faculté que nous ne découvrons pas en lui, et que nous ne saurions y découvrir. Nous voyons bien, par l'expérience, qu'il y a une dépendance entre l'appareil organique et la production du phénomène; mais, comme cette dépendance existerait également si cet appareil, au lieu d'être le principe de cette production, n'en était que l'instrument, il est impossible d'assigner une raison de préférer la première supposition à la seconde. L'opinion qui identifie la cause d'un phénomène avec son organe n'est donc qu'une explication arbitraire qu'on peut à volonté rejeter ou admettre; loin d'être prouvée pour le cerveau, elle ne l'est pour aucun organe du corps humain.

2°. L'observation ne découvre dans le cerveau, comme dans tout autre organe, qu'un amas de particules matérielles, arrangées d'une certaine manière. Comment cet amas de particules matérielles est-il capable de produire quelque chose? c'est ce que les physiologistes ne comprennent pas du tout; ils ont une idée de l'appareil organique, ils n'en ont aucune de sa vertu productive. Le mot *organe*, employé pour désigner la cause de certains phénomènes, ne laisse donc pas dans l'esprit une idée plus nette de cette cause que le mot *ame*; ce sont deux mots employés pour désigner une cause inconnue, qu'ils n'expliquent pas plus l'un que l'autre. Dire que l'appareil organique a la vertu de produire certains phénomènes, ou dire que cette vertu appartient à un principe distinct de l'appareil, revient donc au même pour la clarté.

3°. La manière dont nous nous servons de divers instrumens pour produire certains résultats, ou dont nous appliquons à certaines machines, comme un moulin ou un métier à filer, certaines forces naturelles, comme l'eau, le vent, ou la vapeur, nous aide à concevoir l'hypothèse d'une force servie par des organes. Tandis que nous ne concevons pas du tout comment des parties matérielles qui n'ont par elles-mêmes, ni la propriété de digérer, ni celle de penser, peuvent constituer, par leur réunion seule et le mode de leur arrangement, des forces digestives et pensantes. Hypothèse pour hypothèse, celle de la distinction de la cause et de l'organe est donc la plus intelligible.

4°. Comme il est démontré que les organes des sens et les nerfs sont indispensables à la perception et à la sensation, et ne sont cependant que des instrumens qui ne sentent pas et ne connaissent pas, et d'autre part, que les nerfs, les muscles et les membres, sont également indispensables à la production des mouvemens volontaires, et cependant ne sont aussi que des instrumens impuissans par eux-mêmes, il nous est facile de concevoir par analogie, que le cerveau, tout indispensable qu'il soit à la perception, à la sensation, au mouvement volontaire, n'est lui-même qu'un autre instrument, une autre condition de la production de ces phénomènes. Tous les raisonnemens qu'on fait pour prouver que le cerveau est le principe des mouvemens volontaires, le sujet de la sensation et de l'intelligence, étant fondés sur ce que le cerveau est indispensable à la production de ces phénomènes, et sur ce qu'on altère ces phénomènes en altérant cet organe, pourraient s'appliquer avec la même rigueur aux nerfs, aux muscles, aux membres, aux organes des sens. Ces raisonnemens ne sont donc pas concluans pour le cerveau, puisqu'ils ne le sont pas pour toutes ces parties du corps. Si l'on n'a pas de peine à comprendre que ces parties soient des instrumens, on n'en peut avoir à concevoir que le cerveau en soit un, tandis qu'on en a beaucoup à se figurer qu'il soit une cause. Dans cette application, l'hypothèse de la distinction a donc sur l'autre une supériorité de clarté particulièrement remarquable.

5°. On parvient, par différentes altérations au cerveau, à nous enlever, l'une après l'autre, toutes nos sensations, toutes nos perceptions, tous nos mouvemens volontaires, et même la direction du mouvement. Certaines maladies produisent les mêmes effets. Mais aucune maladie, aucune opération, n'est encore parvenue à supprimer en nous la volonté. Cela s'explique très-bien dans l'hypothèse des métaphysiciens, mais non dans celle des physiologistes. D'une part, les sensations et les perceptions nous viennent du dehors : si l'on supprime les intermédiaires, on doit les intercepter; d'autre part, pour exécuter et diriger les mouvemens volontaires, il faut des instrumens, et des instrumens dociles, qui ne soient pas désorganisés;

mais pour vouloir il ne faut rien, et si le principe volontaire est distinct du cerveau, aucune opération sur le cerveau ne doit avoir l'effet de l'abolir en nous. Que si, au contraire, l'organe lui-même est le principe volontaire, en altérant l'organe on doit altérer ou supprimer la faculté volontaire, et il serait étonnant qu'aucune maladie, aucune opération, n'eût encore produit ce résultat. Cette observation suffit pour montrer que, dans son application au cerveau, l'hypothèse des physiologistes n'est pas même la plus vraisemblable (1).

D'après tout ce qui précède, il nous semble que la rigueur scientifique n'exigeait point du tout que M. Magendie considérât les phénomènes de l'intelligence comme les résultats d'un organe.

Elle l'exigeait d'autant moins, qu'avant d'écrire la phrase que nous avons citée, l'habile physiologiste venait d'écrire la

(1) Plusieurs autres faits physiologiques confirment ce que nous avançons ici; nous citons un exemple; nous ne discutons pas la question.

suivante : « L'intelligence de l'homme se
« compose de phénomènes tellement diffé-
« rens de tout ce que présente d'ailleurs la
« nature qu'on les rapporte à un être parti-
« culier que l'on regarde comme une éma-
« nation divine, et dont le premier attribut
« est l'immortalité. » Ce que l'auteur, dans
cette phrase, affirme des phénomènes de
l'intelligence, est également vrai de ceux
de la volonté, de ceux de la sensibilité, et
de tous les faits de conscience sans exception, puisque tous sont également dé-
pourvus des attributs qui distinguent les
phénomènes matériels, et qui les rendent
perceptibles aux sens. Or, cette différence
de nature admise entre les faits de conscience et les faits sensibles, nous ne
voyons pas pourquoi la sévérité de logique
que la science comporte, exige si impérieu-
sement que l'on rapporte à des principes
de même nature ces faits de natures différentes. S'il n'y a rien de commun entre le
phénomène de la digestion et celui de la
pensée, en supposant qu'il soit prouvé que

le premier dérive d'un organe matériel, s'ensuit-il nécessairement que le second en dérive aussi? La logique qui a de pareilles exigences n'est en vérité pas de notre connaissance. Celle que nous connaissons verrait plutôt dans la différence absolue des phénomènes, non pas une raison de croire, mais un motif très-fort de présumer qu'ils dérivent de principes différens; et M. Magendie semble lui-même reconnaître cette manière de voir de la logique ordinaire, puisqu'il avoue que c'est la nature particulière des phénomènes de l'intelligence qui les a *fait rapporter à un être particulier* distinct des organes corporels. Y aurait-il donc deux logiques, ou notre célèbre physiologiste aurait-il par-devers lui de bonnes raisons de penser que l'induction la moins naturelle est cependant la plus vraie? s'il en a, nous ne croyons pas qu'il les ait énoncées dans son ouvrage.

Nous prions, du reste, qu'on ne voie dans ce que nous venons de dire, aucune autre intention que celle de montrer combien la question du principe des phénomènes intérieurs est encore scientifiquement indécise; quelle que soit l'opinion qu'on préfère sur cette question, c'est un point sur lequel les métaphysiciens et les physiologistes devraient au moins s'accorder. Il en est un second qui devrait pareillement les réunir, c'est qu'elle restera indécise tant que les connaissances sur la nature humaine demeureront où elles en sont; car il n'y a de débat que sur les choses qu'on ignore.

D'où viendra donc la lumière? Où faut-il la chercher? Dans l'observation plus approfondie des phénomènes de la nature humaine, et particulièrement dans l'étude trop peu avancée, et fort négligée jusqu'ici, des faits de conscience.

Nous n'avons aucune envie de rabaisser l'importance et l'utilité de la physiologie; ses recherches sont du plus grand intérêt, et sans la connaissance des faits qu'elle constate, la science de l'homme ne serait jamais qu'une image infidèle et mutilée.

Mais enfin la physiologie n'embrasse pas tout l'homme dans ses recherches; elle a sa compétence, et il est tout simple que cette compétence n'embrasse pas toutes les questions. Or, il nous semble que, dans le problème dont nous nous occupons, si ses informations sont utiles, il n'est pas naturel d'en espérer autant de lumières que de la science des faits internes.

Car, enfin, de quoi s'agit-il? de déterminer la nature du principe, ou du sujet de ces faits. Or, où le bon sens indique-t-il qu'il faille chercher des renseignemens sur ce principe? n'est-ce pas dans l'étude des phénomènes qui en dérivent? Si c'est l'effet qui nous révèle la cause, n'est-ce point à la nature des effets, à leurs lois, qu'il faut demander la nature et les lois de la cause? N'est-il pas absurde d'interroger exclusivement la physiologie sur le principe de phénomènes dont elle ne s'occupe pas, et de chercher, par la seule observation sensible, la nature d'une cause dont les effets lui échappent? M.Magendie regrette que la physiologie n'ait point encore embrassé les problèmes de l'idéologie; il désespère de cette dernière science, tant que les physiologistes ne daigneront pas s'en occuper. Mais n'y a-t-il pas une méprise dans cette vue charitable? Sans doute il serait à souhaiter que la science des faits de conscience fût cultivée avec la même ardeur et les mêmes méthodes que celle des phénomènes de la vie; mais, à moins que les physiologistes n'abandonnent le scalpel et le microscope pour la conscience, ils ne découvriront pas les lois des faits internes: et le jour où ils les abandonneront, ils cesseront d'être physiologistes. Assurément encore nous désirons que les physiologistes soient en même temps métaphysiciens, et réciproquement; c'est notre vœu le plus ardent, et le mieux entendu qu'on puisse former dans les intérêts de la science de l'homme; mais cette alliance de la physiologie et de la métaphysique ne confondra pas leurs attributions; il y aura toujours dans la nature humaine deux ordres de faits, qu'il faudra toujours observer de deux manières différentes, et dont l'étude restera toujours distincte dans la science de l'homme. Il y aura toujours, par conséquent, certaines questions qui se rattacheront à l'étude des faits de conscience plus particulièrement qu'à celle des faits physiologiques, et de ce nombre sera toujours la question du principe des faits de conscience.

Il est donc évident que si l'on peut parvenir à résoudre cette question, la science des faits de conscience est la route; mais il ne l'est pas moins que, dans l'état actuel de cette science, cette question est prématurée.

Il faut donc laisser dormir encore quelque temps ce problème très-ultérieur de sa nature, qui a de l'importance relativement à notre immortalité, mais qui n'intéresse nullement l'étude des faits internes; la science n'est pas en mesure pour l'aborder. Il n'y a jusqu'ici qu'une chose démontrée, et dont conviennent les deux partis, c'est que les phénomènes de conscience sont d'une nature à part, et ne ressemblent nullement aux autres phénomènes de l'humaine organisation. Insaisissables à l'observation sensible et perçus d'une autre manière, ils doivent devenir l'objet d'une science spéciale, qui formera une des divisions de la science de l'homme. Cette science des faits de conscience, distincte de la physiologie par son instrument et son objet, doit porter un nom qui exprime et constate cette différence. Celui d'*idéologie* est trop étroit; car il ne désigne que la science d'une partie des faits internes. Celui de *psychologie*, consacré par l'usage, nous paraît préférable, car il désigne les faits dont la science s'occupe, par leur caractère le plus populaire, qui est d'être attribués à l'ame; et comme le principe de ces phénomènes est encore indéterminé, il importe fort peu qu'on l'appelle *ame* ou autrement: le mot ne préjuge rien sur la question, même dans l'opinion publique, qui sait bien que c'est une question. Nous nous en tenons donc à cette dénomination, désirant qu'elle représente bientôt une science aussi cultivée, et d'une manière aussi méthodique et aussi rigoureuse, que la physiologie sa sœur.

V. *Objet de cette publication.*

Bien qu'on retrouve, dans toutes les philosophies du monde, des observations nombreuses sur les phénomènes de l'esprit humain, comme on retrouve des observations sur les phénomènes de la nature, à la base de tous les systèmes possibles, inventés pour l'expliquer; la pensée de soumettre cette classe de faits à la méthode expérimentale appliquée par Galilée aux faits du monde physique, ne date guère que du dix-huitième siècle. Descartes, qui était doué à un si haut degré du sens psychologique, ne conçut pas l'idée de la science des phénomènes intérieurs. Lui et ses adversaires marchent encore dans la voie de l'antiquité; l'objet de leurs recherches n'est point la connaissance des phénomènes de l'esprit humain; leur but est de résoudre certaines questions qui les divisent, et c'est à l'appui de leurs systèmes opposés sur ces questions qu'ils invoquent tour à tour, et avec un égal avantage, le témoignage docile de l'observation. On peut en dire autant de Malebranche et de Leibnitz, grands spéculateurs, qui mirent l'observation au service de l'esprit de système, et consumèrent leur génie à expliquer, par des hypothèses sans fondemens, deux ou trois faits inexplicables, qu'il fallait se borner à constater. Enfin parut Locke, et plus tard, son disciple Condillac, qui peuvent être considérés comme les précurseurs de la véritable science des faits internes. Sans doute on retrouve encore chez ces deux philosophes la préoccupation de certains problèmes, et l'on s'aperçoit que s'ils observent, c'est encore beaucoup dans la pensée de détruire ou de justifier certaines opinions. Trop souvent ils raisonnent au lieu de voir, et plaident au lieu de décrire. En un mot, ils n'ont encore ni la conception précise de la science, ni la pratique décidée et constante de la méthode. Mais il n'en est pas moins vrai que l'observation prend enfin le pas sur la spéculation dans leur méthode, et que le désir de connaître les faits l'emporte, dans leur esprit, sur le besoin de les expliquer. Leurs ouvrages marquent la transition du régime des questions au régime de la science, et l'on y sent partout l'influence victorieuse de ce nouvel esprit qui triomphait alors dans les sciences naturelles, et conduisait Newton à la découverte du système du monde. Toutefois, avant le docteur Reid, on peut dire que personne n'avait eu la conception nette, et du but véritable de la philosophie et de la méthode qui lui convient. Comme des écoliers qui entrent dans le monde, et qui sont encore à demi sous le joug de leurs maîtres, Locke et Condillac en innovant avaient encore imité; ils n'avaient pas eu la force de s'en tenir à l'observation, et de léguer à leurs successeurs quelques vérités de faits, fruit de leurs expériences; ils s'étaient hâtés d'élever un système sur la base de leurs observations; et comme ces observations étaient incomplètes, et devaient l'être, leur système, comme tous les autres, défigurait l'homme avec la prétention de l'exprimer. Reid vint, et frappé de l'évidente fausseté de la théorie de Locke sur l'esprit humain, chercha la cause de ses erreurs. La méthode de Locke était bonne, puisqu'elle proclamait en principe la nécessité d'observer l'esprit humain pour le connaître, et de le connaître pour le comprendre; mais Locke ne l'avait pas fidèlement appliquée. Pour comprendre l'homme il faut le connaître tout entier, et pour le connaître tout entier, il faut l'observer complètement; tant qu'on ne le connaît pas complètement, on ne saurait le comprendre. Or, cette connaissance complète est, comme celle de la nature, une œuvre longue et difficile; nul homme ne saurait prétendre à la mener à bout; elle ne peut résulter que d'une longue suite d'observations lentement recueillies, et patiemment contrôlées et épurées. Chaque philosophe doit se considérer comme un simple ouvrier à cette grande tâche, apporter le tribut de ses expériences, et laisser à l'avenir un droit qu'on ne peut lui enlever, celui de tirer d'une connaissance complète des phénomènes de notre nature, une théorie vraie et scientifiquement démontrée. En s'emparant du rôle de l'avenir, Locke n'avait élevé qu'une théorie incomplète, fausse et périssable; c'est ce que prouva le docteur Reid, et il fit plus, il expliqua pourquoi, en rappelant les principes que nous venons d'énoncer. Dès lors, l'école écossaise est demeurée fidèle à ces principes. Après avoir proclamé et la nécessité de la méthode expérimentale, et toutes ses sévérités, elle s'y est soumise, avec bonne foi et conscience, et s'est livrée, avec une patience admirable, au rôle peu brillant, mais utile, de rassembler des observations sur les phénomènes de la nature humaine, se bornant à tirer de ces observations les inductions rigoureuses qui en sortent sur les questions, mais sans aspirer jamais à donner de ces questions des solutions complètes et définitives. Dans cette nouvelle carrière, la philosophie écossaise s'est constamment distinguée par un bon sens parfait, un langage clair, une finesse et une sagacité rare d'observation, et une impartialité bienveillante envers toutes les opinions philosophiques, qui honore les individus et prouve la vérité de la méthode; car ceux-là seuls peuvent être tolérans qui sont dans les voies larges de la science.

La France, long-temps distraite de la science philosophique par sa glorieuse révolution, se trouvait au commencement de ce siècle au même point où Reid avait trouvé l'Angleterre. Ce que Locke avait été pour la philosophie anglaise, Condillac l'avait été pour la philosophie française; et quand vint le repos après les orages, quelques-uns de ses disciples, héritiers de sa clarté et de sa méthode, ranimèrent ses doctrines oubliées, et renouèrent le fil rompu de la philosophie nationale. Ils trouvèrent les esprits dociles à leurs leçons, et la France, sous leurs auspices honorables, rentra dans la carrière. La méthode d'observation du maître fut de nouveau proclamée; mais avec elle furent acceptées ses doctrines systématiques. Tôt ou tard la méthode, appliquée de nouveau par des esprits neufs, devait prouver l'insuffisance des doctrines; certaines conséquences qui dérivaient de ces doctrines, fâcheuses aux yeux de certaines personnes, devaient hâter cette découverte, en poussant les esprits qu'elles révoltaient à soumettre la philosophie de Condillac, à une critique exacte et sévère. Nous n'avons rien à dire de ces conséquences; quoique, rigoureuses selon nous, elles ne furent jamais apperçues par la plupart des hommes recommandables qui défendaient les principes, et quant au petit nombre qui les reconnurent, ils les acceptèrent comme conséquences nécessaires de principes qu'ils regardaient comme incontestables; ils les avouèrent, non comme belles, mais comme exactes : et certes, nous estimons cette conscience, et nous croyons qu'elle est honorable. Quoi qu'il en soit, trahie par ses conséquences et par sa propre méthode, la philosophie de Condillac fut mise en question par un certain nombre d'esprits distingués, et enfin, soumise à une discussion publique par M. Royer-Collard. Dans les trois années de son enseignement, ce savant professeur, qui n'est plus aujourd'hui pour la France qu'un grand citoyen, démontra, contre la doctrine de Condillac, ce que Reid avait démontré contre celle de Locke; et, en adoptant la méthode expérimentale de l'école de la sensation, prouva que cette école avait été infidèle à cette méthode. M. Cousin acheva ce que M. Royer-Collard avait commencé; moins préoccupé de la tâche, déjà remplie, de réfuter Condillac, et par conséquent moins renfermé dans la question particulière traitée par ce philosophe, tous les efforts de son enseignement se concentrèrent sur la méthode psychologique : il en décrivit toutes les lois, il en fit comprendre toutes les exigences; puis, l'appliquant successivement aux principaux faits de l'esprit humain, il montra, avec une évidence irrésistible, que si les différentes écoles philosophiques avaient élevé de fausses théories sur ces faits, c'est que ces écoles n'avaient aperçu qu'une partie de la réalité, c'est qu'elles avaient tiré des inductions précipitées d'une observation incomplète. Dans ses éloquentes improvisations, qui retentissent encore dans la mémoire de ceux qui les ont entendues, la nécessité d'appliquer la méthode expérimentale à la science des faits internes, de l'appliquer complétement et rigoureusement, de s'en tenir scrupuleusement aux résultats de l'observation et aux inductions qui en dérivent, et de se mettre en garde contre l'esprit de système, fut démontrée par le raisonnement, confirmée par l'histoire de la philosophie, et établie autant que vérité humaine puisse l'être.

L'enseignement de ces deux illustres professeurs devait porter ses fruits, et il les a portés. Dans l'esprit de ceux qui ont assisté à leurs leçons, il ne reste pas un doute sur la direction nouvelle que doivent suivre les recherches philosophiques. Toutefois, on ne saurait se le dissimuler, quelque effet que puisse produire un cours sur ceux qui l'entendent, il n'agit guère sur le public. Les auditeurs, en transmettant leur conviction, en altèrent et en affaiblissent nécessairement les motifs; c'est pourquoi on ne saurait trop regretter que MM. Royer-Collard et Cousin n'aient pas imité en ceci les professeurs de l'école écossaise, qui ont rédigé et publié leurs leçons, et par là popularisé leurs doctrines (1). Ajoutons que ce n'est point assez de ruiner une fausse méthode et d'en indiquer une nouvelle. L'excellence de la méthode expérimentale appliquée aux faits de l'esprit humain, et surtout la possibilité de cette application,

(1) Depuis que ceci est écrit, M. Cousin a satisfait en partie au vœu du public et au nôtre, en publiant une suite de fragmens qui donnent une idée assez complète de son enseignement.

ne peuvent être complétement démontrées que par les résultats : la marche d'une science et ses découvertes sont la meilleure preuve et la seule suffisante de l'utilité de la réforme qu'elle a subie, et, en France, cette preuve manque encore à tous les esprits éclairés qui n'ont point entendu les leçons des deux professeurs que nous avons cités, ou qui n'ont point été conduits aux mêmes résultats par leurs propres réflexions. C'est à cette double cause qu'il faut attribuer l'incertitude et les doutes qui continuent de tenir sur ce point l'opinion publique en suspens. En effet, les préjugés des naturalistes sont ébranlés dans quelques hommes, mais fermes encore dans le plus grand nombre; la doctrine de Condillac, quoique battue, conserve encore une partie de sa popularité; l'enseignement reste barbare : une foule de théories qui n'ont rien de scientifique, qui n'indiquent pas même dans leurs auteurs le soupçon que la philosophie soit une science positive, s'élèvent tranquillement, sans que la critique témoigne par ses jugemens que ces doctrines soient indignes des lumières du siècle et du pays; en un mot, rien parmi nous n'annonce encore, d'une manière claire, une révolution d'idées en philosophie. Ceux qui la prévoient, qui la désirent, qui la veulent, ne pouvant plus entendre des professeurs réduits au silence, demandent des livres qu'il est plus facile de concevoir que de faire.

Nul doute que ce besoin ne soit tôt ou tard satisfait, et que la nouvelle école philosophique ne produise bientôt des travaux positifs qui donneront de la consistance à ses doctrines et de la popularité à ses idées. Mais en attendant, rien ne nous semble plus utile que de mettre sous les yeux du public les travaux de l'école écossaise, qui a proclamé la même méthode, et qui l'a appliquée dans des recherches suivies sur les phénomènes de l'esprit humain. Déjà le premier volume d'un des principaux ouvrages de cette école, les *Essais sur l'entendement hu-*

main, par M. Dugald-Stewart, a été traduit en français par M. Prévost de Genève; M. Farcy, ancien élève de l'école Normale, ne tardera pas à publier la traduction du second volume. Nous avons lieu d'espérer que les ouvrages du docteur Reid, déjà traduits en grande partie par des amis de la science, seront aussi livrés à l'impression. Pour nous, nous avons pensé que nous ferions de notre côté une chose utile en publiant le petit ouvrage que l'on va lire, qui offre en peu de pages les principaux résultats de la philosophie écossaise sur les phénomènes moraux de l'esprit humain.

Comme ce livre n'est que l'esquisse du cours de philosophie morale de M. Dugald-Stewart, on ne doit pas y chercher la série de faits et d'observations sur lesquels sont fondées les assertions de l'auteur. Ces faits et ces observations ne sont qu'indiqués; souvent même le résultat seul est exprimé. Toutefois nous serions bien trompés si nos lecteurs n'étaient pas frappés comme nous de la différence qui sépare une philosophie prudente qui ne prend pour certain que ce qui est certain, et qui donne pour des conjectures ce qui n'est que probable, de ces philosophies hardies qui universalisent présomptueusement quelques faits, et en tirent, avec assurance, des théories sans exception et sans appel. Sans doute aussi, ne se laissera-t-on point tromper à cette simplicité, nous dirions même à cette bonhomie de formes, sous laquelle M. Dugald-Stewart déguise la sagacité et la profondeur de ses observations. Ceux qui prendront ce petit livre comme il doit être pris, c'est-à-dire comme un texte de méditations sur les points les plus importans de la science de l'homme, pourront seuls apprécier tout ce qu'il y eut de sagesse, d'étendue, d'impartialité, de finesse et de force dans l'esprit du vénérable auteur de ces esquisses (1).

(1) Voyez, pour l'appréciation plus détaillée de ce livre, les excellens articles de M. Cousin, insérés au *Journal des Savans*.

Quant aux considérations sur la méthode psychologique, que nous avons développées dans cette préface, le peu que nous venons de dire sur l'état actuel de la philosophie en France expliquera suffisamment leur étendue. Si elles peuvent introduire dans quelques esprits une juste idée de la science de l'esprit humain, et des procédés à suivre pour l'élever, elles auront atteint leur but. Quelque peu dignes qu'elles soient de la matière, nous espérons que les maîtres qui nous ont ouvert la carrière y trouveront quelques traces de leur enseignement.

PRÉFACE DE L'AUTEUR.

Mon principal objet, dans cette publication, est de faire connaître le plan de mon cours, et par là de faciliter les études de ceux qui le suivent. Dans un enseignement qui remplit plus de cinq mois, et qui embrasse nécessairement une grande variété de recherches, il est difficile que l'auditeur ne laisse jamais échapper le fil qui conduit d'un sujet à un autre; les leçons finissent par prendre l'apparence de discours détachés, et l'on court le risque de perdre les avantages qui dérivent de la liaison et de la méthode. Voici des esquisses qui non-seulement j'espère, obvieront à cet inconvénient, mais me permettront encore, pour l'avenir, de me livrer à des explications et à des digressions, auxquelles il était peu convenable que je m'abandonnasse, tant que le travail de découvrir l'enchaînement de mes doctrines était imposé à l'intelligence de mes élèves.

Tout en exécutant le dessein que je viens de dire, j'ai essayé d'établir, sous chaque chef, un petit nombre de principes que je tenais à imprimer dans la mémoire de mes auditeurs, ou que j'estimais propres à soulager leur attention durant la discussion des questions étendues et difficiles.

La partie de la philosophie morale qui se rapporte aux principes de la politique, étant moins abstraite que les autres, je me suis contenté d'énumérer simplement les articles les plus importans qui sont traités dans cette troisième division de mon cours. Il est à peine nécessaire de prévenir que, dans cette énumération, je n'ai rien cherché qui ressemblât à un arrangement systématique, et qu'en développant les titres qu'elle contient je suis obligé, par les bornes étroites d'un enseignement académique, à me renfermer dans les points de vue les plus généraux. Dès que mes autres engagemens me laisseront le loisir qu'exige une telle entreprise, j'essayerai un cours particulier sur ce sujet aussi étendu que difficile.

Quant à mon plan général, ceux qui sont le moins du monde familiers avec les écrits des moralistes, s'apercevront que j'ai suivi presque entièrement dans sa combinaison l'ordre particulier de mes propres idées. En prenant ce parti, j'étais loin de supposer que mon arrangement pourrait avoir aux yeux du public quelque avantage sur ceux de mes prédécesseurs; mais je pensais qu'un plan, tracé d'après mes habitudes, s'exécuterait mieux entre mes mains qu'un autre quelque parfait qu'il fût, suggéré par des idées étrangères.

DUGALD STEWART.

Collége d'Édimbourg, 8 novembre 1793.

P. S. Ayant dernièrement exécuté en partie le dessein annoncé dans cette préface, en faisant un cours spécial sur l'économie politique, j'ai supprimé dans cette édition de mes esquisses les articles que j'avais d'abord placés sous ce titre général, et je leur en ai substitué un petit nombre d'autres, propres à faire comprendre la connexion particulière et intime qui existe entre cette partie de la science et l'objet plus spécial de la morale. Les observations que ces articles ont pour but de suggérer peuvent aussi servir à préparer l'esprit des élèves à des recherches dont les détails courent le risque de paraître insipides, quand on ignore l'importance des conclusions qui en dérivent.

2 Novembre 1801. (1)

(1) Ce post-scriptum se retrouve tel que nous le donnons dans la quatrième édition qui a paru en 1818, et d'après laquelle nous avons traduit.

ESQUISSES
DE
PHILOSOPHIE MORALE.

INTRODUCTION.

SECTION I.

De l'objet de la philosophie, et de la méthode à suivre dans les recherches philosophiques.

1. Toutes les recherches philosophiques, quelle que soit leur nature, et toute cette connaissance pratique qui dirige notre conduite dans la vie, supposent un ordre établi dans la succession des événemens. Autrement, l'observation du passé serait stérile, et nous ne pourrions rien en conclure pour l'avenir.

2. Dans les phénomènes du monde matériel, et dans la plupart des phénomènes de l'esprit, quand nous voyons reparaître le concours des mêmes circonstances, nous attendons avec une confiance parfaite le retour des mêmes résultats. Les lois que suivent les affaires humaines sont certainement moins faciles à démêler; et cepen-

dant, dans cette classe même de faits, il est un degré d'ordre qu'il est possible de saisir, et qui suffit pour fonder des règles générales d'une grande utilité. Ajoutons que cet ordre devient plus apparent à mesure que nous généralisons davantage nos observations.

3. Notre connaissance des lois de la nature n'a pas d'autre source que l'observation et l'expérience. Jamais, entre deux événemens, nous n'apercevons de connexion nécessaire; jamais, par conséquent, nous ne pouvons logiquement, et *à priori*, inférer l'un de l'autre. L'expérience nous apprend que certains événemens sont invariablement associés; et de là vient que, si l'un apparaît, nous attendons l'autre; mais nous ne savons rien de plus, et notre connaissance en pareil cas ne s'étend pas au delà du fait.

4. Reconnaître avec soin, constater avec exactitude ces associations d'événemens qui ne sont autre chose que l'ordre même de l'univers; recueillir les phénomènes épars que cet univers nous présente et les rapporter à leurs lois générales, tel est l'objet suprême de la philosophie. Bacon est le premier qui ait mis dans tout son jour l'importance de cette vérité fondamentale. Les anciens considéraient la philosophie comme la science des *causes*, et cette fausse idée les conduisit à une foule de spéculations

qui dépassent tout-à-fait la compétence des facultés humaines.

5. Veut-on savoir quel est le véritable but de toute recherche philosophique? Celui que se propose un homme de bon sens quand il observe les événemens qui se passent sous ses yeux : son intention est de mettre à profit ce qu'il voit pour sa conduite future. Plus s'étendent nos connaissances, mieux nous pouvons accommoder nos plans à l'ordre naturel des choses et tirer parti des facultés dont nous sommes pourvus, et des forces dont nous disposons pour l'accomplissement de nos desseins.

6. Entre la science du philosophe et ce bon sens qui dirige le commun des hommes dans les affaires de la vie, il n'y a pas différence de nature; elle est tout entière dans le degré. Et si la science surpasse le bon sens, c'est que le philosophe a, pour apprendre, des procédés qui manquent au vulgaire. En combinant artificiellement les circonstances, c'est-à-dire, en *expérimentant*, il découvre entre les événemens un grand nombre d'*associations naturelles* qui ne se seraient point d'elles-mêmes manifestées à son observation. En partant des lois générales qu'il a découvertes, le raisonnement le conduit synthétiquement à reconnaître l'ordre là où le simple observateur ne verrait qu'irrégularité. C'est ce dernier pro-

cédé de l'esprit que l'on honore plus particulièrement du nom de *philosophie*, et dont *les règles pour philosopher* enseignent spécialement l'usage.

7. Les connaissances que la simple observation nous donne sur l'ordre de la nature sont extrêmement bornées : elles ne dépassent point les cas où l'uniformité des phénomènes tombe d'elle-même sous nos sens; ce qui arrive quand une seule loi de la nature opère séparément, ou que plusieurs se combinent toujours de la même manière. Mais très-souvent, dans le concours de plusieurs lois, le résultat varie d'un cas à l'autre, selon les diverses circonstances de la combinaison : et alors celui-là seul pourra prédire le résultat, qui connaîtra bien et le nombre et la nature des lois appelées à agir dans la production du phénomène attendu, et qui saura déterminer à l'avance comment les effets de l'une seront modifiés par la présence de toutes les autres.

8. Il suit de là que la philosophie doit avant tout constater les lois simples et générales d'où émanent les phénomènes compliqués qui se manifestent à nous dans l'univers. Ces lois obtenues, nous pouvons raisonner avec certitude sur l'effet qui devra résulter d'une quelconque de leurs combinaisons. La découverte des lois s'ap-

pelle *analyse* : l'explication des phénomènes par les lois, *synthèse*.

9. C'est à cette méthode philosophique, qu'on désigne communément sous le titre d'*induction*, que nous sommes redevables des progrès rapides que les sciences physiques ont faits depuis Bacon. La publication de ses écrits a marqué le commencement d'une ère nouvelle dans l'histoire de la science. Gardons-nous cependant de lui attribuer tout l'honneur de la réforme opérée dès lors dans la direction des recherches philosophiques ; sans doute il y a contribué plus que personne : mais son génie et ses ouvrages ont subi la puissante influence des circonstances et du caractère de l'âge où il vivait, et l'on peut croire qu'il n'a fait que hâter un événement qu'une foule de causes concourait à produire.

SECTION II.

Application des principes précédens à la philosophie de l'esprit humain.

10. La réforme introduite dans les recherches philosophiques pendant les deux derniers siècles, tout en dépassant le cercle des sciences physiques, n'a cependant point exercé la même influence dans les autres branches de la connaissance humaine. On s'en aperçoit assez au

scepticisme qui s'attache encore aux principes de la métaphysique et de la morale. A ce mal il n'y a qu'un remède : c'est d'appliquer à ces matières la méthode d'induction.

11. Comme toute notre connaissance du monde matériel repose définitivement sur des faits constatés par l'observation, de même toute notre connaissance de l'esprit humain repose, en dernière analyse, sur des faits attestés par la conscience. Que l'on soumette ces faits à un examen attentif, peu à peu les lois générales de la constitution humaine se dévoileront, et avec le temps nous verrons s'élever une science de l'esprit égale en certitude à celle des corps. Les ouvrages de Reid offrent de beaux exemples de recherches semblables.

12. Les objections qu'ont opposées des écrivains de nos jours aux résultats obtenus par les métaphysiciens qui ont appliqué la méthode d'induction à la science de l'esprit sont tout-à-fait semblables aux accusations qu'on porta d'abord contre la doctrine de Newton : on prétendit que la gravitation tendait à faire revivre les qualités occultes d'Aristote : comme si, dans toutes nos recherches, soit qu'elles se rapportent à la matière, soit qu'elles touchent à l'esprit, l'œuvre du philosophe ne se bornait pas à rattacher des faits particuliers à des faits généraux, comme

si nos plus heureuses tentatives pouvaient jamais avoir d'autre terme que la découverte de quelque loi de la nature dont l'explication est impossible.

SECTION III.

Des causes qui retardent les progrès de la connaissance humaine, et spécialement ceux de la philosophie de l'esprit humain et des sciences qui s'y rattachent.

13. Parmi les principales, on peut compter les suivantes :

1° Les imperfections du langage, considéré comme instrument de la pensée, et comme moyen de communication;

2° Les méprises dans lesquelles on tombe, tant sur le véritable objet de la philosophie que sur la méthode à suivre dans les recherches philosophiques;

3° Une certaine disposition à s'attacher aux principes généraux sans se soumettre à l'étude préalable des faits particuliers;

4° La difficulté de constater exactement les faits, particulièrement dans les sciences qui se rapportent immédiatement à la philosophie de l'esprit humain ;

5° L'emploi que l'on fait d'une grande partie

de sa vie à acquérir d'inutiles connaissances littéraires ;

6° Les préjugés imposés par de grands noms ou par l'influence des institutions locales;

7° Une prédilection singulière pour les opinions bizarres et paradoxales;

8° Un certain penchant pour un scepticisme sans restriction.

ESQUISSES
DE
PHILOSOPHIE MORALE.

SUJET ET DISPOSITION DE CE TRAITÉ.

1. La philosophie morale a pour objet de déterminer les règles générales d'une conduite sage et vertueuse, autant qu'elles peuvent l'être par les simples lumières de la raison, c'est-à-dire par l'examen des principes de la constitution humaine et des circonstances dans lesquelles nous sommes placés.

2. En envisageant sous ce point de vue les principes de notre constitution, nos recherches se distribuent sous trois chefs principaux, selon qu'elles se rapportent :

1° Aux facultés intellectuelles de l'homme ;

2° A ses facultés actives et morales ;

3° A l'homme considéré comme membre d'une association politique.

Or, de ces trois articles, les deux premiers reproduisent la division vulgaire de la nature humaine en facultés de l'entendement et facultés de la volonté, division qui remonte à la plus haute antiquité, et qui embrasserait tout l'objet de la philosophie morale, si l'homme ne devait pas être envisagé aussi dans ses rapports avec les institutions politiques. Mais comme, excepté dans l'état sauvage, l'homme a toujours fait partie d'une société, les principes sur lesquels reposent ces associations peuvent être regardés comme des lois essentielles et universelles de notre constitution : et tant qu'on ne les aura pas examinés, on ne pourra se faire une juste idée de notre situation en ce monde, ni se rendre compte de nos devoirs les plus importans envers nos semblables. Cette partie de la question a d'ailleurs avec les deux autres une liaison plus intime qu'il ne paraît au premier coup d'œil : d'une part, c'est dans l'union politique et dans les perfectionnemens graduels dont elle est susceptible que la nature s'est ménagé les moyens les plus efficaces d'opérer notre développement intellectuel et moral, et par-là d'augmenter notre bonheur ; de l'autre, c'est aux formes particulières des institutions sociales que se rattachent, comme à leur cause principale, ces opinions, ces habitudes qui constituent les mœurs d'une nation. Or, nous verrons par la suite combien toutes ces choses tiennent de près à l'avancement et à la félicité de l'espèce humaine.

3. L'homme étant un être sensible, on peut

aussi rechercher quels sont les plaisirs et les peines dont il est susceptible. Ce point de vue aurait pu nous fournir la matière d'une quatrième division. Mais, au lieu de pousser si loin les distinctions et l'analyse, il nous a paru plus convenable de fondre cette partie de la philosophie de l'esprit humain dans les trois autres, et de rattacher les remarques que pourront nous inspirer les différentes espèces de plaisirs et de peines à l'examen des principes moraux et intellectuels dont le développement les fait naître.

PREMIÈRE PARTIE.

DES FACULTÉS INTELLECTUELLES DE L'HOMME.

4. Voici l'énumération des plus importantes :

1° La conscience ;
2° La perception externe ;
3° L'attention ;
4° La conception ;
5° L'abstraction ;
6° L'association des idées ;
7° La mémoire ;
8° L'imagination ;
9° Le jugement et le raisonnement.

5. Outre ces facultés intellectuelles qui se retrouvent à des degrés différens dans tous les individus de l'espèce, il en est d'autres plus compliquées que développe chez quelques personnes le genre d'études ou d'affaires auquel elles se livrent habituellement. Telles sont le goût, le génie poétique, musical, mathématique, et toutes les différentes habitudes intellectuelles qu'on acquiert dans les diverses professions.

L'explication de ces faits composés par les principes simples et généraux de notre nature est une des plus intéressantes recherches que la philosophie puisse se proposer.

6. On peut aussi rapporter à cette partie de notre constitution quelques facultés auxiliaires dont les unes concourent essentiellement, et dont les autres se rattachent d'une manière immédiate à notre développement intellectuel. Telles sont, en particulier, la faculté de communiquer nos pensées par des signes arbitraires et le principe d'*imitation*.

SECTION I.

DE LA CONSCIENCE.

7. Nous désignons par ce mot la connaissance immédiate que l'âme a de ses sensations, de ses pensées, et en général de tout ce qui se passe actuellement en elle.

8. Quelles que soient les opérations présentes de l'âme, la conscience en est l'inséparable compagne.

9. La croyance que son témoignage inspire a été considérée comme la plus irrésistible de toutes, au point qu'on n'a jamais mis en doute

cette espèce d'évidence. Et cependant cette croyance repose sur le même fondement que toutes les croyances déterminées en nous par la constitution de notre nature.

10. On ne peut dire que nous ayons conscience de notre propre existence; car la notion de ce fait est nécessairement postérieure, dans le temps, à la conscience des sensations qui nous la suggèrent.

11. Par la conscience et la mémoire nous aquérons la notion et la conviction de notre identité personnelle.

SECTION II.

DE LA PERCEPTION EXTERNE.

ARTICLE Ier.

Lois particulières de la perception, considérée dans chaque sens.

12. On reconnaît que nous avons cinq sens, et tous les philosophes judicieux ont adopté cette énumération populaire. Quelques écrivains, il est vrai, ont essayé de réduire tous nos sens à un seul, celui du tact; mais on ne peut voir dans cette spéculation qu'un raffine-

ment inutile. Rien n'est moins propre à jeter quelque jour sur l'objet de cette recherche.

13. Dans le tact et le goût, il faut, pour que la perception ait lieu, que l'organe soit en contact immédiat avec l'objet. Dans les trois autres sens, nous percevons l'objet à distance par l'intermédiaire d'un véhicule matériel.

14. Si l'on veut se faire une juste idée des moyens par lesquels nous acquérons la connaissance des choses externes, il faut soigneusement distinguer la signification des deux mots *sensation* et *perception*. Le premier n'exprime autre chose que la modification produite dans l'âme par l'impression de l'objet sur l'organe, modification dont nous concevons que l'âme ait conscience, sans rien connaître hors d'elle. Le second exprime la connaissance que nous acquérons des qualités de la matière, à l'occasion des sensations. L'usage arbitraire qu'on a fait de ces deux mots a jeté une grande confusion dans les recherches philosophiques.

De l'odorat, du goût et de l'ouïe.

15. Les qualités des corps perçues par l'odorat, le goût et l'ouïe, ne sont pour nous que les causes inconnues de certaines sensations. Aussi leur a-t-on donné le nom de *qualités secondes*,

pour les distinguer de celles dont nous connaissons directement et immédiatement la nature, à propos des sensations auxquelles elles sont associées. L'étendue et la figure sont des qualités de cette dernière espèce; elles ont reçu avec quelques autres le nom de *qualités premières* de la matière.

16. Le goût, l'odorat et l'ouïe ne pourraient, à eux seuls, nous donner la moindre connaissance des objets extérieurs.

17. Mais ils peuvent suggérer à l'esprit ou lui donner l'occasion de former les idées simples ou notions de *nombre*, de *temps*, de *causalité*, d'*existence*, d'*identité personnelle*, et quelques autres.

Du toucher.

18. Le sens du tact est répandu sur toute la surface du corps; mais la main est plus particulièrement son organe, soit à cause de sa structure anatomique, soit parce que nous donnons plus d'attention aux impressions qui s'y produisent.

19. Quelques-unes des qualités perçues par ce sens sont *premières*, les autres *secondes*. Mais il y a une circonstance commune à toutes les

perceptions du tact. Non-seulement nous sommes informés de l'existence de certaines qualités, mais nous le sommes aussi de la partie de notre corps qu'affecte l'objet extérieur. Voici, je crois, l'explication de ce fait : nous rapportons au tact beaucoup de sensations diverses qui n'ont entre elles que peu ou point de ressemblance, comme la chaleur, la douleur, la démangeaison. Toutes nous révèlent la situation locale de la cause qui les excite ; et pour cette seule circonstance commune, nous les rangeons dans la même classe.

20. L'usage de la main est double : 1° elle nous sert à connaître les qualités des corps, et à découvrir les lois du monde matériel; et sous ce rapport aucun autre sens ne peut remplacer le tact ni se passer de son assistance; 2° elle est notre instrument dans la pratique des arts mécaniques. Son utilité sous ces deux rapports est si grande, que quelques philosophes, amis des paradoxes, lui ont attribué tout l'honneur de notre supériorité sur les brutes.

21. L'importance de cet organe pour l'homme indique suffisamment l'attitude qui nous convient, et réfute assez les théories des philosophes qui ont voulu nous assimiler aux quadrupèdes.

De la vue.

22. La description de l'œil et la manière dont les rayons lumineux partant des différens points d'un objet visible sont rassemblés par la vertu réfractive de l'humeur qu'il contient, et forment une image sur la rétine, appartiennent proprement à l'optique. Mais dans cette matière il est des questions qui rentrent dans la philosophie de l'esprit humain, et que les opticiens ont vainement essayé de résoudre par les principes de leur science. Telles sont toutes celles qui se rapportent aux lois les plus simples et les plus générales de la vision. Ces lois sont des *faits* que le physicien doit prendre comme des données, et non pas comme des difficultés qu'il soit appelé à résoudre.

23. Parmi les phénomènes de la vision qui se rattachent plus immédiatement à la philosophie de l'esprit humain, les plus importans sont ceux qui dépendent de la distinction entre les perceptions *naturelles* et les perceptions *acquises* de la vue. Avant l'expérience, nous ne percevons par l'œil que l'étendue, la figure, les différentes nuances de la couleur et les effets variés de la lumière. Mais, en comparant entre elles les perceptions de la vue et du tact, les apparences visibles des objets et les sensations cor-

respondantes de l'œil ne tardent pas à devenir des signes familiers qui nous révèlent les qualités tangibles des corps, et la distance qui les sépare de l'organe. Dans plusieurs cas, nos jugemens se fondent sur une multitude de circonstances combinées; et cependant notre intelligence va si vite, que la perception semble être instantanée.

24. Cette distinction entre les perceptions acquises et naturelles de la vue explique plusieurs phénomènes curieux qui ont long-temps embarrassé cette classe de savans qui ne sortent pas des principes mathématiques de la dioptrique. Ces phénomènes sont intéressans pour ceux qui cultivent la philosophie morale, et surtout parce qu'ils prouvent d'une manière palpable que l'esprit peut produire une foule d'actes intellectuels qui ne laissent aucune trace dans la mémoire.

25. Deux autres questions célèbres sur le même sujet n'ont pas un rapport moins intime avec la philosophie de l'esprit humain, et fournissent une belle occasion de déterminer les limites prescrites par la nature à nos recherches sur la perception : ce sont celles de savoir comment nous voyons les objets droits quand leur image est renversée sur la rétine, et pourquoi nous les voyons simples, bien que nous les saisissions avec nos deux yeux.

26. Quelques-unes des qualités perçues par la vue sont *premières*, les autres *secondes*. L'étendue et la figure appartiennent à la première classe; la couleur et les différens effets de la lumière à la seconde.

27. L'article précédent appelle naturellement l'attention sur les rapports de notre constitution corporelle et de nos facultés intellectuelles. Sur cette matière, nous croyons que les points suivans peuvent donner lieu à d'utiles réflexions.

1° La distribution des organes de nos sens sur les différentes parties de notre corps.

2° L'appropriation des organes de la perception aux propriétés et aux lois du monde matériel.

3° Les rapports établis entre la stature et la force de l'homme d'une part, et de l'autre l'organisation physique de la planète sur laquelle il est placé.

4° La flexibilité de sa nature, qui, se pliant à tous les climats, lui permet de vivre partout.

ARTICLE II.

De la perception en général.

28. Les idées que nous avons du corps et de l'âme sont purement relatives : nous ne pou-

vons définir l'un que par ses qualités, l'autre que par ses opérations.

29. Comme les qualités du corps perçues par les sens ne ressemblent en rien aux opérations de l'âme révélées par la conscience, il nous est impossible de ne pas considérer l'âme et le corps comme des objets de connaissance tout-à-fait distincts, qu'il faut étudier chacun par la méthode qui lui convient; l'âme, par l'attention au sujet dont nous avons conscience; le corps, par l'attention à l'objet que nous percevons. Ce n'est point là une hypothèse, c'est un fait impliqué dans les seules notions du corps et de l'âme que nous puissions acquérir.

30. Les phénomènes de la perception et les mouvemens volontaires nous apprennent cependant qu'il y a entre ces deux choses une connexion très-intime, et plusieurs théories ont essayé d'expliquer le secret de cette union. Mais il est évident que le mystère est au-dessus de notre portée, et que les lois qui règlent l'association du corps et de l'âme sont seules accessibles à notre intelligence.

31. D'après la distinction que nous avons établie entre les qualités premières et les qualités secondes de la matière, les idées que nous avons des qualités secondes sont tout-à-

fait relatives : les sensations qu'elles excitent en nous ne nous apprennent autre chose que l'existence de certaines causes inconnues ; et tout ce que nous savons de ces causes, nous le devons à des recherches subséquentes et purement scientifiques. Une autre remarque sur les qualités secondes, c'est que les noms qu'elles portent ont dans toutes les langues une double acception ; le même mot exprime à la fois la sensation et la cause inconnue qui la produit. De là le paradoxe cartésien que la chaleur, le froid, l'odeur, le son, la couleur n'existent pas.

32. Les qualités premières de la matière, telles que l'étendue et la figure, sont aussi perçues à l'occasion de certaines sensations ; mais nous les saisissons en elles-mêmes comme des réalités extérieures et indépendantes, et les idées que nous nous en formons n'ont en général aucun rapport avec les sensations qui les ont suggérées. Il semble évident que la nature n'a voulu faire de ces sensations que de simples signes qui n'ont par eux-mêmes aucune importance ; et comme ils sont rarement accompagnés de plaisir ou de peine, nous nous accoutumons dès l'enfance à n'y pas faire attention, et cette habitude est difficile à surmonter dans l'âge mûr.

33. Les sensations n'ayant aucune ressem-

blance avec les qualités de la matière, les philosophes ont été embarrassés pour expliquer comment nous acquérons la notion des qualités premières. Cette difficulté a donné naissance au scepticisme moderne sur l'existence de la matière.

34. Selon l'ancienne théorie de la perception, les qualités sensibles sont perçues par le moyen d'*images* ou *espèces* transmises des objets à l'âme par les organes des sens. On supposait que ces images (connues depuis Descartes sous le nom d'*idées*) offrent la ressemblance parfaite des qualités sensibles, et, comme l'impression du cachet sur la cire, en transmettent la forme sans en transmettre la réalité. Cette hypothèse est devenue très-célèbre sous le titre de *théorie des idées*.

35. Berkeley, en partant du principe de cette théorie, démontra l'impossibilité de l'existence de la matière : car, si nous ne connaissons que nos sensations et nos idées, nous ne connaissons rien qui ait au dehors une existence indépendante des phénomènes intérieurs de la perception.

36. Cet argument est sans réplique contre l'existence de la matière, si on admet la théorie des idées; mais cette théorie, loin d'être évi-

dente, est au contraire tout-à-fait inconcevable. C'est un fait que les notions que nous avons des qualités des corps ne ressemblent en rien, ni à nos sensations, ni à aucun phénomène dont nous ayons conscience; et nous ne devons pas mettre en question la réalité de ce que nous percevons, parce que nous ne pouvons réconcilier ce fait avec les théories philosophiques qu'il nous a plu d'adopter.

37. Le Docteur Reid, qui a le premier révoqué en doute la théorie des idées, ne présente aucun argument en faveur de l'existence de la matière, mais considère notre conviction sur ce point comme un fait de notre nature qui ne s'explique par aucun autre. Cette conviction repose sur le même fondement que notre croyance à la réalité des sensations que nous éprouvons, croyance que personne n'a jamais mise en question.

38. La théorie des idées n'est pas la seule tentative qu'on ait faite pour expliquer la mystérieuse communication qui s'opère entre l'âme et la matière dans le fait de la perception. Le système de l'harmonie préétablie de Leibnitz, prenant pour accordée l'impossibilité d'une communication immédiate entre deux substances si essentiellement différentes, représente l'esprit et le corps comme deux machines indé-

pendantes, construites et montées de manière à correspondre invariablement l'une avec l'autre, ainsi qu'il arrive entre deux horloges qui marchent d'accord. Au moyen de la même hypothèse, il s'efforce d'expliquer le phénomène des mouvemens volontaires.

39. D'après tout ce qu'il est possible d'induire des faits connus, voici les lois générales les plus importantes de nos perceptions.

1° L'objet extérieur, soit immédiatement, soit par quelque *medium* matériel, fait une impression sur l'organe.

2° Par le moyen de l'organe, une impression est faite sur les nerfs.

3° Par le moyen des nerfs, une impression est produite sur le cerveau.

40. Quant à la manière dont ces impressions se communiquent plus loin, et même quant à la nature des modifications opérées dans les nerfs et le cerveau, nous sommes dans une complète ignorance, et rien n'annonce que nous puissions jamais en sortir. Les physiologistes, aussi-bien que les métaphysiciens, ont trop souvent, en cette matière, perdu de vue les règles d'une sage philosophie : les conjectures qu'ils ont proposées non-seulement n'ont point expliqué le phénomène, mais ont encore

quelquefois conduit à de dangereuses conclusions.

SECTION III.

DE L'ATTENTION.

41. En nous occupant des perceptions acquises de la vue, nous avons remarqué qu'une suite de pensées pouvait traverser l'esprit sans laisser aucune trace dans la mémoire, et plusieurs faits prouvent que les organes de nos sens peuvent être affectés d'impressions aussitôt oubliées qu'éprouvées. On attribue, dans de pareils cas, ce défaut de mémoire à un manque d'attention; en sorte que c'est un principe qui semble suffisamment établi par l'expérience commune, qu'un certain acte de l'esprit est nécessaire pour fixer dans la mémoire les pensées et les impressions dont nous avons conscience. Cet acte est une de nos opérations intellectuelles les plus simples; et cependant ceux qui ont écrit sur les matières psychologiques en ont à peine tenu compte.

42. Ce fait général étant induit de faits particuliers, et par-là même établi d'une manière certaine, nous avons le droit, d'après les règles d'une saine philosophie, de nous en servir comme d'un principe pour l'explication d'autres

phénomènes. Il en est beaucoup et de fort curieux que l'on rapporte à d'autres causes, et qui se résolvent dans ce principe avec autant de facilité que d'évidence.

SECTION IV.

DE LA CONCEPTION.

43. Tout nous porte à croire que les animaux sont entièrement occupés de leurs sensations et de leurs perceptions actuelles ; mais l'homme a la faculté de se représenter les sensations dont il a eu conscience, et les objets qu'il a perçus précédemment. On peut désigner convenablement cette faculté par le nom de *conception*.

44. Les objets de quelques-uns de nos sens sont plus aisément *conçus* que ceux des autres ; et sous ce rapport on doit mettre au premier rang les objets perçus par les yeux. Nous pouvons néanmoins, dans tous les cas, développer considérablement par l'usage cette faculté de concevoir.

45. On admet généralement que la conception n'est accompagnée d'aucune croyance à l'existence de son objet ; mais diverses considérations rendent cette opinion fort douteuse.

46. Cette faculté a évidemment beaucoup de connexion avec le corps. La conception d'une saveur acide excite la salivation ; la conception d'un instrument de torture appliqué à un membre produit une sensation semblable à celle qui résulterait de l'application même.

SECTION V.

DE L'ABSTRACTION.

47. Nous ne saisissons par nos facultés perceptives que ce qui est particulier ou individuel ; mais ce n'est là qu'une petite partie du sujet que notre intelligence embrasse. Dans le plus grand nombre des cas, nos raisonnemens se rapportent à des classes entières de faits ou d'objets.

48. L'œuvre de la classification suppose en nous le pouvoir de concentrer notre attention sur certaines qualités des objets, ou sur certaines circonstances des phénomènes, en la détournant de tout le reste. C'est ce pouvoir que les logiciens appellent *abstraction*. On peut le définir d'une manière très-générale, la faculté par laquelle l'esprit divise les composés qui lui sont offerts, afin de simplifier l'objet de son étude.

49. Un mot appellatif ou générique est un

nom commun applicable à un certain nombre de réalités individuelles qui se ressemblent par de certaines faces et diffèrent par d'autres. Au moyen de mots pareils, nos raisonnemens peuvent embrasser des classes entières d'objets et de phénomènes, et donner des résultats généraux qui renferment une foule de vérités particulières. L'usage que fait l'algèbre des lettres de l'alphabet en offre le plus bel exemple, et fait bien comprendre la nature du raisonnement général et les principes qui lui servent de règle. Longtemps ces principes ont été mal compris par les philosophes, qui supposaient qu'un mot général exprime une réalité distincte des réalités individuelles qui composent le genre, et qui pensaient que l'esprit a la faculté de diriger son attention sur cette idée *générale* ou *essence* sans le secours du langage. On doit en grande partie attribuer à cette erreur l'espèce de mystère qui enveloppe encore les sciences abstraites.

50. Comme c'est uniquement par le langage que nous pouvons nous élever au raisonnement général, la partie de la logique qui a rapport à l'usage des mots est, sans contredit, une des branches les plus importantes de cette science. On n'a pas accordé à cette matière toute l'attention qu'elle mérite.

51. S'assurer de la vérité des principes géné-

raux n'est point une précaution suffisante contre l'erreur. Quelque justes qu'ils puissent être en eux-mêmes, et comme maximes spéculatives, on ne doit jamais les appliquer qu'avec la plus grande circonspection dans la pratique de la vie. Les avantages qui résultent du judicieux emploi de ces principes, et les méprises qui dérivent de l'abus qu'on en peut faire fourniraient la matière d'un nouvel et important article dans un bon système de logique.

52. L'habitude d'une spéculation abstraite que l'expérience n'a pas corrigée, et celle d'une pratique aveugle que les principes généraux n'ont point éclairée, sont deux extrémités opposées où nous pouvons nous laisser aller dans la conduite de notre entendement; il est peu d'hommes qui ne manifestent dès leur jeunesse une inclination plus ou moins prononcée vers l'un ou l'autre de ces deux vices intellectuels.

SECTION VI.

DE L'ASSOCIATION DES IDÉES.

53. L'habitude d'allier ensemble différentes idées finit par amener ce résultat, que, dès que l'une paraît dans notre esprit, l'autre semble naître spontanément à sa suite : parmi les phé-

nomènes relatifs aux opérations de l'intelligence, celui-là est un des plus frappans. Les philosophes modernes ont donné à cette loi de notre constitution le nom d'*association des idées*. Dans ces derniers temps, on a employé cette expression dans un sens plus étendu pour désigner cette tendance de nos idées à se succéder dans un ordre régulier, soit que leur liaison dérive de l'habitude ou de tout autre principe d'association.

54. Il serait peut-être impossible de donner une énumération complète des différentes circonstances qui peuvent déterminer l'ordre de succession de nos idées. On peut compter au nombre des plus saillantes la *ressemblance*, l'*analogie*, l'*opposition*, la *contiguité* dans l'espace et dans le temps, le rapport de *cause* et d'*effet*, celui des *moyens* et de la *fin*, celui des *prémisses* et de la *conséquence*. Peut-être quelques-uns de ces principes rentrent dans les autres; mais c'est une question qui ne mérite pas que nous nous y arrêtions. Ce qui est indubitable, c'est qu'il n'en est point de plus puissant que l'*habitude*; point qui donne matière à des recherches d'une plus grande importance pratique.

55. Entre les principes d'association que nous venons d'énumérer, on doit faire une distinction importante. Les rapports qui constituent

quelques-uns de ces principes se produisent d'eux-mêmes, et associent nos idées sans aucune intervention spéciale de l'attention; tandis que les rapports qui constituent les autres ne sont découverts que par la méditation et l'étude. Les rapports de ressemblance et d'analogie, d'opposition, de contiguité dans le temps et l'espace, sont de la première espèce; ceux de cause et d'effet, de moyens et de fin, de prémisses et de conséquence, sont de la seconde. Cette différence explique comment des transitions qui seraient tout-à-fait choquantes dans un ouvrage philosophique sont, de toutes, les plus agréables en poésie.

56. Que le cours de nos pensées soit réglé jusqu'à ce point par les lois de l'association, c'est un fait dont les causes nous sont inconnues, et sur lequel nous ne pouvons exercer aucun contrôle immédiat ou direct. Mais notre volonté n'est point sans influence sur cette partie de notre constitution, et il serait aussi curieux qu'important de déterminer l'étendue et les limites de son pouvoir.

57. Tant qu'une idée n'est pas venue d'elle-même solliciter notre attention, nous ne pouvons la susciter en nous. Mais lorsqu'elles se présentent en grand nombre, il nous est donné de choisir et de rejeter; nous pouvons retenir

de préférence une certaine idée, et arrêter de la sorte le cours que nos pensées n'auraient pas manqué de prendre autrement.

58. L'influence *indirecte* de la volonté sur la série de nos idées est assez étendue : elle s'exerce évidemment de deux manières : 1° par un effort d'attention, nous pouvons réprimer le cours spontané de nos idées, et faire prédominer les principes d'association qui doivent prévaloir dans un esprit studieux et conséquent; 2° par la pratique, nous pouvons fortifier un certain principe d'association au point d'acquérir un empire absolu sur une classe particulière d'idées.

59. La vérité de cette dernière observation n'est pas douteuse : nous en avons des preuves remarquables dans le pouvoir que l'habitude donne à la volonté sur les procédés intellectuels qui constituent l'esprit proprement dit, l'art de versifier et de rimer, l'imagination poétique, le génie de l'invention dans les arts et les sciences, et par-dessus tout le talent de l'improvisation.

60. De toutes les parties de notre constitution, les lois qui règlent l'association des idées sont la plus intéressante pour le philosophe qui se livre à l'étude de la philosophie morale. En suivant les conséquences de ces

combinaisons intimes et presque indissolubles que notre intelligence se laisse aller à former dans notre enfance et notre jeunesse, on peut en voir découler, comme de leur source, une grande partie de nos erreurs spéculatives, les aberrations de notre jugement moral, et la plupart de ces préjugés qui nous égarent dans la conduite de la vie. Une éducation judicieuse peut tirer parti de cette flexibilité d'un jeune esprit, et non-seulement la tourner au profit de notre perfectionnement moral, mais encore s'en servir pour nous préparer des sources de plaisirs plus nombreuses et plus abondantes.

SECTION VII.

DE LA MÉMOIRE.

61. Les théories qui prétendent expliquer le phénomène de la mémoire par des impressions et des traces sur le cerveau sont entièrement hypothétiques, et ne jettent aucune lumière sur le sujet qu'elles cherchent à éclaircir.

62. Il faut convenir néanmoins que cette faculté paraît dépendre beaucoup de l'état de notre corps : on peut en juger par les effets de l'ivresse, de la maladie et de l'âge. Un recueil de faits relatifs à ces influences et aux diverses circonstances qui les modifient serait fort utile

à la connaissance de l'esprit humain, et pourrait conduire à des inductions très-importantes.

63. A ne considérer les choses que d'une manière superficielle, on croirait qu'il y a des différences prodigieuses de capacité entre la mémoire d'un homme et celle d'un autre : mais, selon toute apparence, ces différences sont fort exagérées. On ne tient pas assez compte des nombreuses diversités que les esprits doivent offrir sous ce rapport, par suite de cette multitude de directions que l'on voit prendre aux hommes, soit par penchant, soit par le hasard de leur situation.

64. Indépendamment de quelques inégalités dans la capacité naturelle, il y a des *variétés* de mémoire très-remarquables qui servent de base à d'importantes distinctions entre les hommes sous le rapport de l'intelligence.

65. Ces variétés dérivent surtout des proportions dans lesquelles sont combinées les qualités constitutives de la mémoire. Une mémoire parfaite se composerait d'une grande susceptibilité à saisir, d'une grande capacité à retenir, et d'une grande promptitude à rappeler : mais une telle réunion de qualités est rare, et l'on ne peut guère en développer une qu'aux dépens des autres.

SECTION VIII.

DE L'IMAGINATION.

66. Le propre de l'imagination est de recueillir au sein des objets divers que nous offre l'expérience certaines circonstances, certaines qualités, et de les combiner de manière à former un tout nouveau qui lui appartienne. Dans cette acception naturelle du mot, la faculté qu'il désigne revient à ce que quelques auteurs ont appelé *l'imagination créatrice* ou *poétique*.

67. Cette faculté n'est pas simple; elle n'est que la réunion de plusieurs facultés différentes. Ainsi, par exemple, l'effort que fait le peintre pour composer un paysage idéal implique la *conception*, qui lui représente les belles scènes de la nature au sein desquelles il doit choisir les élémens de son ouvrage; l'*abstraction* qui sépare les matériaux choisis de toutes les qualités et de toutes les circonstances qui les accompagnent dans le souvenir; enfin le *jugement* ou le *goût*, qui fait le choix, dispose et ordonne la combinaison.

68. La nature et l'objet de l'imagination se manifestent avec plus d'évidence dans les arts

qui tirent leurs élémens de beauté des perceptions de la vue. Les opérations de l'imagination, dans ce cas particulier, servent à faire comprendre par quels procédés, dans la conduite morale, certaines âmes s'écartent des modèles que leur fournit l'expérience, et se fraient vers un but nouveau des routes que personne n'a encore essayées. C'est par suite de ces opérations, qui, tout inaperçues qu'elles sont, se renouvellent incessamment dans la conscience de tous les hommes, que les affaires humaines offrent un spectacle si plein de variété et de mouvement, et grandissent ou déclinent, selon que les notions régnantes de vertu et de bonheur sont justes ou erronées.

SECTION IX.

DU JUGEMENT ET DU RAISONNEMENT.

69. Les logiciens définissent le jugement, un acte de l'esprit par lequel une chose est affirmée ou niée d'une autre chose. Bien que cette définition ne soit pas à l'abri de toute exception, elle est aussi bonne que la nature du sujet le comporte.

70. Parmi nos jugemens, il en est qui se forment aussitôt que les termes de la proposition sont compris, ou qui résultent si nécessaire-

ment de la constitution de notre nature, qu'ils règlent nos actions dès notre enfance, sans que jamais nous y ayons réfléchi. Dans d'autres cas, nos jugemens sont le fruit d'une longue suite d'idées que nous parcourons pas à pas. De là, deux espèces d'*évidence*: l'évidence *intuitive*, et l'évidence *déductive*.

I. *De l'évidence intuitive.*

71. Il y a plusieurs espèces d'évidence intuitive; voici les plus importantes :

1° L'évidence des axiomes;

2° L'évidence qui accompagne la conscience, la perception et la mémoire;

3° L'évidence de ces lois fondamentales de la croyance humaine qui forment une partie essentielle de notre constitution, et dont l'autorité se trouve impliquée non-seulement dans toute espèce de raisonnemens, mais encore dans toute notre conduite, comme êtres actifs. Dans cette classe se range l'évidence de notre identité personnelle; celle de l'existence du monde matériel; celle de la constance des lois de la nature, ou en d'autres termes, de cet ordre qui règle la succession des phénomènes, et que l'expérience nous apprend à connaître. Pas un homme ne songe à se poser à soi-même de telles vérités sous la forme de propositions;

mais toute notre conduite et tous nos raisonnemens supposent que nous les admettons. La croyance à ces principes est nécessaire à la conservation de notre vie, et c'est pourquoi, sans doute, elle est contemporaine des premières opérations de l'intelligence.

72. Les attaques du scepticisme moderne se sont principalement dirigées contre cette dernière classe de vérités intuitives. Quelques écrivains plus récens, qui ont entrepris de soutenir leur autorité, leur ont donné le nom de *principes du sens commun*. Les conclusions de ces écrivains sont aussi solides qu'importantes; mais le vague de l'expression *sens commun*, qu'ils ont employée dans cette controverse, et qui est prise ordinairement dans une acception très-différente, a permis à leurs adversaires de représenter sous de fausses couleurs la doctrine en question, et de la peindre comme une tentative hardie, faite pour placer les préjugés populaires à l'abri de l'examen, et soumettre les décisions de la science au jugement de la multitude.

II. *De l'évidence déductive.*

73. Malgré la doctrine communément admise, qui établit une distinction radicale entre l'intuition et le raisonnement, il n'est pas sûr

que l'une de ces facultés ne soit pas impliquée dans l'autre. S'il est vrai qu'une démonstration parfaite résulte d'une série de raisonnemens dont tous les termes sont enchaînés l'un à l'autre par l'évidence intuitive, n'est-il pas certain d'abord que le raisonnement présuppose l'intuition? Et, d'un autre côté, ne suffit-il pas de l'intuition et de la mémoire pour expliquer ce travail de la pensée, qui, par une suite de conséquences, conduit l'esprit des prémisses à la conclusion?

74. « Lorsque l'esprit, dit Locke, perçoit immédiatement la convenance ou la disconvenance de deux idées sans l'intervention d'une troisième, la connaissance peut s'appeler intuitive. Lorsque de la comparaison immédiate, et pour ainsi dire de la juxta-position des idées, ne résulte pas la perception de leur convenance ou de leur disconvenance, il est forcé de faire intervenir d'autres idées, tantôt une, tantôt plusieurs, selon l'occurrence, pour arriver à cette perception, et c'est là ce que l'on appelle raisonner. » D'après ces définitions, si l'on suppose que par la coïncidence des deux lignes A et B, nous percevions immédiatement leur égalité, ce jugement de l'esprit est intuitif. Si l'on suppose au contraire que A coïncide avec B et B avec C, le rapport entre A et C est perçu par le raisonnement.

75. Cette manière d'envisager la chose ne s'accorde certainement pas avec le langage usuel. La vérité des axiomes mathématiques a toujours passé pour éminemment intuitive, et le premier des axiomes dans l'énumération d'Euclide affirme que, si A égale B, et que B égale C, A et C sont égaux.

76. En admettant toutefois que la définition de Locke soit juste, il est aisé de voir que la faculté qui perçoit le rapport entre A et C est la même que celle qui perçoit le rapport entre A et B et le rapport entre B et C. Quand le rapport d'égalité entre A et B a été une fois perçu, A et B ne sont plus que deux noms différens d'une seule et même chose.

77. La structure du syllogisme prouve aussi que le raisonnement, ou, comme on l'a quelquefois appelé, la *faculté discursive*, se résout dans l'intuition et la mémoire. On ne saurait concevoir un entendement qui perçoive la vérité de la majeure et de la mineure d'un syllogisme sans percevoir la vérité de la conclusion. A vrai dire, comme dans cette forme d'argument l'esprit descend de l'universel au particulier, il a nécessairement saisi la vérité de la conclusion avant même d'avoir formé la majeure.

78. L'évidence déductive est de deux espèces,

démonstrative et *probable*. La première se rapporte aux vérités nécessaires, la seconde aux vérités contingentes. Pour qui veut s'engager dans les recherches morales, il est d'une grande importance d'examiner avec soin et de comparer entre elles ces deux sortes d'évidence ; mais le sujet est trop vaste pour trouver place ici.

79. On appelle proprement *invention* le procédé par lequel l'esprit découvre la preuve d'une proposition douteuse, et cet autre par lequel il met au jour une nouvelle vérité. Sur ce point on remarque de grandes inégalités entre les individus ; tandis que tous les hommes ont à peu près la même capacité pour comprendre les raisonnemens des autres.

80. Le mot de *logique* est employé par les écrivains modernes dans deux sens différens ; tantôt pour désigner l'art scolastique de l'argumentation dont Aristote passe pour l'inventeur ; tantôt pour désigner cette branche de la philosophie de l'esprit humain qui a pour objet de nous prémunir contre les diverses erreurs où nous pouvons tomber en raisonnant, et de diriger notre faculté d'invention dans la recherche de la vérité. Le but général de ces deux espèces de *logique* est le même ; elles ne diffèrent que par la justesse des principes qui leur servent de point de départ. L'inutilité de la première

n'est presque plus une question ; elle ne mérite guère notre attention que comme un article curieux de l'histoire de la science. La seconde est encore dans son enfance; mais Bacon et d'autres écrivains ont présenté sur ce sujet quelques vues d'une vérité et d'une importance incontestables.

SECTION X.

Des facultés ou capacités que développe dans notre intelligence le genre particulier d'études ou d'affaires auquel nous nous livrons.

81. Les facultés intellectuelles sont dans des degrés divers communes à toute l'espèce. Les variétés que les hommes présentent sous le rapport intellectuel résultent des combinaisons différentes de ces facultés et des modifications qu'elles peuvent subir. Quand bien même les facultés intellectuelles seraient originellement égales dans tous les individus, une foule de différences sortiraient nécessairement des situations diverses où les hommes sont jetés par les circonstances de la vie.

82. Les habitudes intellectuelles que développe en nous l'étude des sciences et des lettres sont tout-à-fait différentes de celles qu'engendre

la pratique des affaires. D'autres nuances plus délicates distinguent les hommes de lettres en plusieurs classes, et tirent leur origine des diverses branches d'étude qu'ils cultivent. Le métaphysicien, le mathématicien, l'antiquaire, le poëte, le critique, se livrant chacun à des recherches spéciales, fortifient en eux des facultés particulières qui deviennent le trait saillant de leur caractère intellectuel, lorsqu'ils laissent languir les autres sans culture.

83. Il serait important de constater l'influence exercée sur l'entendement par les diverses professions et l'étude des diverses sciences. Un tel examen suggèrerait des règles utiles pour le perfectionnement et le développement de l'esprit, et donnerait des idées nouvelles sur l'art de maintenir nos différentes facultés dans cette heureuse harmonie qui constitue la perfection de notre nature intellectuelle.

84. La vivacité, la subtilité, la pénétration, la présence d'esprit, le bon sens, la sagacité, l'étendue, la profondeur, sont autant de nuances intellectuelles qui distinguent les individus et qui présentent une matière d'observations et d'études non moins intéressantes pour le philosophe que pour ceux qui prennent une part active dans les affaires de ce monde. Il en est

de même des défauts de l'esprit qui sont opposés à ces qualités.

85. Une recherche qui touche de près à ces dernières spéculations est celle qui a pour objet d'analyser dans leurs principes constitutifs les différentes espèces d'habileté intellectuelle qu'on peut déployer dans les sciences et dans les arts. De telles recherches non-seulement offrent un champ curieux d'investigation, mais sont encore de nature à diminuer cette aveugle admiration pour l'originalité du génie, qui est un des plus grands obstacles au perfectionnement des arts et aux progrès de la connaissance humaine.

86. Parmi les capacités intellectuelles graduellement développées par une application particulière de nos facultés primitives, le Goût est une des plus importantes. Les métaphysiciens l'ont regardé long-temps comme un principe simple de notre constitution; et malgré les ingénieux essais qu'on a faits dernièrement pour l'analyser et le ramener aux élémens qui le composent, bien des personnes le considèrent encore comme un fait primitif de l'espèce humaine. Dans un état social tel que le nôtre, l'influence étendue qu'il exerce non-seulement sur les travaux de ceux qui se vouent à l'étude de la littérature et des arts, mais encore

sur les jouissances de tous ceux qui participent
au raffinement général des mœurs, mérite sans
doute que l'on consacre un article spécial à
l'explication du procédé intellectuel qui le constitue. Cependant une telle digression usurpe-
rait une place qui appartient à d'autres discussions encore plus étroitement liées à l'objet de
la première partie de ce cours; nous trouve-
rons d'ailleurs dans les nombreux rapports qui
existent entre le Goût et les principes moraux
une occasion plus convenable de reprendre
cette question.

87. Nous nous contenterons pour le moment
de faire observer que si le Goût dérive indubitablement des propriétés primitives et constitutives de l'esprit, cette faculté n'en est pas
moins le fruit tardif de l'expérience habituellement et attentivement dirigée sur une classe
particulière d'objets agréables. La rapidité de
ses décisions lui donne quelquefois l'apparence
d'une perception immédiate, et de là ce nom
de *goût* qu'elle a emprunté à l'un de nos sens
dans les langues de l'Europe moderne. L'usage
que la langue française fait du mot *tact* pour
exprimer ce sentiment délicat des convenances
à l'aide duquel un homme *tâte* pour ainsi dire
son chemin à travers les difficultés d'une société policée, semble avoir pris sa source dans
de semblables considérations. Ce *tact* est une

faculté acquise aussi-bien que le *Goût*, et rien
ne pourrait jeter plus de jour sur la nature et
la génération de l'un et de l'autre qu'une comparaison bien faite de ces deux principes.

SECTION XI.

*De certaines facultés ou principes auxiliaires
qui concourent essentiellement ou tiennent de
près à notre développement intellectuel.*

88. La conformation et l'attitude du corps,
ainsi que les divers organes de perception répandus sur sa surface, ont un rapport évident
avec la nature raisonnable de l'homme, et sont
admirablement appropriés à son développement
intellectuel. Cette remarque s'applique à plusieurs autres parties de notre constitution, tant
à l'intérieur qu'à l'extérieur; mais il y a deux
faits qui sous ce rapport réclament plus particulièrement notre attention; nous voulons parler de la faculté d'exprimer nos pensées par le
langage et du principe d'*imitation*.

I. *Du langage.*

89. Il est facile d'apercevoir la connexité de
ce sujet avec celui des sections précédentes.
C'est à l'usage des signes artificiels (§ 49) que
nous sommes redevables de nos idées générales,

et sans eux notre connaissance eut été bornée aux individus. C'est aussi à l'usage de ces signes que nous devons toute cette partie de nos connaissances qui n'est pas le fruit de notre expérience personnelle. Par eux seuls enfin s'opère cette transmission de la science acquise aux générations suivantes, sans laquelle le perfectionnement progressif de l'espèce humaine serait impossible.

90. Comme Reid l'a remarqué, la formation d'un langage artificiel présuppose l'usage de quelques signes naturels. Ces signes consistent en de certaines expressions du visage, certains gestes du corps et certaines intonations de la voix.

91. Il paraît que l'homme possède la faculté d'interpréter instinctivement quelques-uns de ces signes. Il est vrai qu'on a dernièrement encore contesté ce fait; mais on peut l'appuyer de plusieurs considérations qui justifient l'opinion commune, renfermée toutefois dans de justes limites, et épurée par quelques corrections.

92. A mesure que les idées se multiplient, les imperfections du langage naturel se font sentir. Les hommes comprennent la nécessité d'inventer des signes artificiels dont la valeur est fixée par un mutuel consentement. Plus le lan-

gage artificiel se perfectionne, plus la langue de la nature se perd; à tel point que, dans un état social comme le nôtre, il faut une grande force de réflexion et de longues études pour en recouvrer l'usage. Cette étude entre pour beaucoup dans l'art du comédien et de l'orateur.

93. On peut diviser en deux classes les signes artificiels : ceux qui parlent aux yeux, et ceux qui s'adressent à l'oreille. Ces derniers ont été chez toutes les nations le moyen employé pour les communications intellectuelles.

94. Comme nous n'avons l'histoire d'aucune langue, et que nous ignorons par quels degrés successifs elles s'élèvent, quelques écrivains ont mis en œuvre toutes les ressources de leur esprit pour rapporter aux différentes facultés de l'âme les différentes parties du discours, et pour expliquer les progrès du langage par les progrès de la société. On peut désigner par le titre d'*histoires théorétiques* toutes les spéculations de cette nature qui ont pour objet la marche de l'espèce humaine dans une branche particulière de son développement.

95. Les imperfections des langues qui doivent leur origine à l'usage populaire ont suggéré l'idée d'une langue philosophique, expressément composée pour le service de la science;

l'inutilité des efforts tentés jusqu'ici n'est pas une raison décisive contre la possibilité d'un tel projet.

96. L'écriture est un fait important dans l'histoire du langage, et l'une des inventions humaines qui contribuent le plus énergiquement aux progrès intellectuels de notre espèce.

97. L'imprimerie a donné une prodigieuse extension aux avantages qui en dérivent. On peut la regarder non-seulement comme l'expédient le plus heureusement imaginé pour faciliter entre les hommes le commerce intellectuel, mais encore comme un des événemens les plus importans que présente l'histoire des affaires humaines.

II. *Du principe d'imitation.*

98. Toutes les fois que nous voyons naître une expression, ou en général un changement s'opérer sur la physionomie d'une autre personne, nous avons une inclination naturelle à donner à la nôtre la même expression, et à lui faire subir le même changement. Tout homme peut s'en apercevoir lorsqu'il se trouve en présence d'une personne en proie à la rage, à un rire violent ou à un accès de mélancolie. Cette disposition à imiter ne se borne pas aux phéno-

mènes visibles. Nous copions instinctivement la voix de nos compagnons, leur accent, et jusqu'aux défauts de leur prononciation.

99. Ce penchant dans notre nature emporte avec lui de grands avantages. Il paraît que c'est par lui que les enfans acquièrent l'usage de la parole, et qu'ils apprennent insensiblement à modeler leurs habitudes sur l'exemple et les manières de ceux qu'ils fréquentent familièrement.

100. Comme c'est dans le premier âge que le principe d'imitation nous est le plus utile, c'est aussi dans l'enfance que nous avons le plus d'inclination à nous y abandonner. Ce penchant, commun à quelque degré à tous les hommes, est le point de départ du comédien : il le cultive jusqu'à ce qu'il acquière par des efforts répétés le pouvoir de s'en servir avec plus de facilité et de perfection qu'il ne l'aurait fait naturellement; ou plutôt peut-être parvient-il seulement à garder pendant toute sa vie une faculté qui chez la plupart des hommes disparaît avec l'enfance.

101. La nature contagieuse de la folie, des convulsions, des désordres hystériques, des terreurs paniques, et de toutes les diverses espèces d'enthousiasme, semble avoir une liaison

intime avec le principe d'imitation. Le cours d'observations philosophiques dernièrement commencé à Paris par suite des cures prétendues attribuées au magnétisme animal, a jeté beaucoup de lumières nouvelles sur cette classe de phénomènes.

SECTION XII.

Des facultés intellectuelles de l'homme comparées aux instincts des animaux.

102. Tandis que l'homme jouit du privilége de régler en très-grande partie sa propre destinée, c'est un fait incontestable que les bêtes sont soumises de la manière la plus immédiate à la direction de la nature. Nous ignorons entièrement, il est vrai, comment la nature opère dans cette circonstance; mais il est certain, d'une part, que ce n'est point par un choix délibéré analogue au phénomène de la volonté humaine que les animaux sont déterminés à poursuivre certaines fins particulières, et d'autre part, que ce n'est point par un procédé semblable à ce que nous appelons en nous la raison qu'ils combinent les moyens d'y parvenir.

103. Nous donnons le nom d'*instinct* à ce principe inconnu qui dirige les opérations des

animaux. Deux circonstances le distinguent de la raison : 1° l'uniformité avec laquelle il procède dans tous les individus de la même espèce; 2° l'infaillible exactitude avec laquelle il remplit sa destination antérieurement à toute expérience.

104. Mais quoique nous ne puissions accorder aux animaux ni la raison qui combine, ni l'art qui exécute, les opérations de l'instinct annoncent évidemment l'intelligence de l'être qui les a créés, et qui, en adaptant si merveilleusement leur constitution aux lois du monde matériel, a fait paraître, là comme ailleurs, une unité de dessein qui prouve que toutes les diverses parties de l'univers, animées ou inanimées, sont l'œuvre du même auteur.

105. La sagesse que la nature a déployée dans les instincts des animaux se manifeste d'une manière particulière dans ces races qui s'associent en communautés politiques, telles que les abeilles et les castors. Là nous voyons des animaux qui, considérés individuellement, ne font paraître qu'une sagacité très-médiocre, conspirer ensemble, sous l'influence d'une aveugle impulsion, à l'accomplissement de résultats aussi étonnans par leur grandeur que par les combinaisons compliquées qu'ils supposent.

106. Les animaux cependant ne sont point incapables de tirer quelque fruit de l'expérience : on le voit dans ces espèces où la sagacité des plus vieux contraste si fortement avec l'ignorance des jeunes, et dans ces individus sur lesquels la discipline et l'éducation produisent des effets si remarquables.

107. En quoi consiste donc la différence qui sépare les hommes des animaux ? Leurs facultés ne diffèrent-elles que par le degré, ou bien y a-t-il entre la nature raisonnable et la nature animale une distinction essentielle ?

108. Les philosophes français de l'école cartésienne adoptèrent la dernière opinion, et même la poussèrent au point de ne plus considérer les bêtes que comme de pures machines. Leurs successeurs ont en général donné dans l'autre extrémité. On les a vus mettre en usage tout leur esprit pour expliquer l'immense supériorité de l'homme par des circonstances accessoires appartenant à son organisation corporelle ou à sa condition extérieure.

109. Une multitude de considérations s'élèvent contre les doctrines du matérialisme moderne, et prouvent que, sous le rapport intellectuel et moral, l'homme n'admet aucune comparaison avec aucune autre race habitant

sur ce globle. La différence entre notre constitution et la leur n'est pas de degré, mais de nature, et peut-être est-ce le seul point où se rompe entièrement cette gradation régulière que nous observons partout ailleurs dans l'univers. Le sujet est par trop étendu pour que nous le traitions dans ces esquisses.

SECONDE PARTIE.

DES FACULTÉS ACTIVES ET MORALES DE L'HOMME.

110. Cette partie du sujet se divise naturellement en deux chapitres. Le premier se rapporte à la classification et à l'analyse de nos facultés actives et morales; le second, aux différentes branches du devoir.

CHAPITRE Ier.

CLASSIFICATION ET ANALYSE DE NOS FACULTÉS ACTIVES ET MORALES.

SECTION I.

DES FACULTÉS ACTIVES EN GÉNÉRAL.

111. Le mot *action* s'applique proprement à toutes les exertions de force qui suivent la détermination volontaire, soit qu'elles se produisent au dehors, soit qu'elles se résolvent dans des opérations purement internes. Ainsi,

par exemple, nous pensons que l'âme est active quand elle est livrée à l'étude. Il est vrai que, dans le discours ordinaire, nous sommes portés à confondre l'action et le mouvement : comme les opérations qui se passent dans l'âme des autres hommes échappent à notre connaissance, nous ne pouvons juger de leur activité que par les effets qu'elle produit au dehors : c'est ce qui fait que nous n'accordons guère le caractère d'activité qu'à ceux dont l'activité corporelle est remarquable, et que nous distinguons les hommes en deux classes, la classe *active* et la classe *spéculative*. Ici nous prenons le mot *activité* dans sa signification la plus étendue, l'appliquant également à toute exertion volontaire.

112. Cela posé, les premières sources de notre activité sont les circonstances qui influent sur notre volonté. Parmi ces circonstances il en est qui font partie de notre constitution, et qui ont reçu pour cela le nom de *principes actifs* de notre nature : telles sont la faim, la soif, la curiosité, l'ambition, la pitié, le ressentiment. Les principes les plus importans de cette espèce peuvent se rapporter aux chefs suivans :

1° Les appétits ;
2° Les désirs ;
3° Les affections ;
4° L'amour de soi ;
5° La faculté morale.

SECTION II.

DES APPÉTITS.

113. Les circonstances suivantes distinguent cette classe de nos principes actifs :

1° Ils tirent leur origine du corps et nous sont communs avec les bêtes ;

2° Ils ne sont point continus, mais périodiques ;

3° Ils sont accompagnés d'une sensation désagréable, forte ou faible, selon la force ou la faiblesse de l'appétit.

114. Nos appétits sont au nombre de trois : la faim, la soif, et l'appétit du sexe. Les deux premiers sont destinés à la conservation de l'individu, le troisième à la propagation de l'espèce. Sans eux, la raison eût été insuffisante pour garantir ces résultats importans.

115. On ne peut dire proprement que nos appétits soient intéressés : car ils aspirent à leurs objets respectifs comme à leur fin dernière ; et d'autre part il faut qu'ils aient agi une première fois avant toute expérience du plaisir qui accompagne leur satisfaction. Ajoutons que l'intérêt est souvent sacrifié à l'appétit : dans tous les cas, par exemple, où nous nous abandonnons

à une jouissance présente avec la certitude ou la très-grande probabilité qu'elle aura des suites funestes.

116. Outre les appétits naturels, nous avons des appétits factices. Ainsi l'appétit du tabac, de l'opium, des liqueurs fortes. En général, tout ce qui excite le système nerveux laisse après soi une certaine langueur qui nous fait désirer le retour de l'irritation.

117. Les propensions périodiques à l'action et au repos ont, sous plusieurs rapports, beaucoup d'analogie avec les appétits.

SECTION III.

DES DÉSIRS.

118. Ils se distinguent des appétits par les circonstances suivantes :
1° Ils ne viennent point du corps ;
2° Ils n'agissent point périodiquement et à de certains intervalles ; et ne cessent point après avoir atteint un objet particulier.

119. Les principes de cette espèce les plus remarquables sont :
1° Le désir de connaissance ou principe de curiosité ;

2° Le désir de société;

3° Le désir d'estime;

4° Le désir de pouvoir ou principe d'ambition;

5° Le désir de supériorité ou principe d'émulation.

I. *Du désir de connaissance*

120. Le principe de curiosité apparaît de très-bonne heure chez les enfans, et s'y développe pour l'ordinaire avec d'autant plus d'énergie qu'ils ont plus de capacité. La nature lui donne alors la direction qui convient le mieux à nos besoins. En effet, dans les premières années de la vie on le voit s'attacher uniquement à ces propriétés des choses et à ces lois du monde matériel dont la connaissance est indispensable à la conservation de notre existence. Dans un âge plus avancé, sa direction cesse d'être uniforme, et varie d'un individu à l'autre. De là cette multitude de routes diverses que prennent les hommes. Il importe peu que l'on attribue cette divergence à certaines prédispositions naturelles ou à l'éducation. Toujours est-il que nous avons été faits de telle sorte et placés dans des circonstances telles, que cette divergence devait avoir lieu, et qu'ainsi elle est dans l'ordre actuel des choses. Sa cause finale est évidente. Grâce à elle, l'attention et les

études de chacun se limitent et se concentrent; et de là tous les avantages que la société tire de la division et de la subdivision du travail intellectuel.

121. Le désir de connaissance n'est point un principe intéressé. De même que l'objet de la faim n'est pas le bonheur, mais la nourriture, de même l'objet de la curiosité est la connaissance, et non point le bonheur.

II. *Du désir de société.*

122. Indépendamment des affections bienveillantes qui nous intéressent au bonheur des autres, et abstraction faite des avantages qui résultent pour nous de l'union sociale, nous sommes entraînés par un désir naturel et instinctif à nous rapprocher de nos semblables : ce principe, qu'il est facile de discerner dans les enfans, nous est commun avec plusieurs espèces d'animaux.

123. Il est vrai qu'après avoir joui des agrémens de la vie sociale, l'influence de l'habitude et la connaissance des avantages qui en dérivent fortifient beaucoup ce désir instinctif : aussi quelques auteurs ont-ils mis en question son existence. Mais quelque opinion qu'on adopte sur cette question spéculative, le désir

de société aura toujours droit à prendre place parmi les principes naturels et universels de notre constitution.

124. Les effets de la solitude sur l'homme montrent avec quelle puissance ce principe agit en lui. Nous nous sentons dans un état qui n'est point naturel, et nous tâchons de combler le vide que nous éprouvons, tantôt en prenant pour compagnons les animaux les plus vils, tantôt en nous attachant à des objets inanimés.

125. Le rapport qui existe entre le désir de société et le désir de connaissance est très-remarquable. Toujours ce dernier principe est accompagné du besoin de faire partager aux autres le résultat de nos recherches, au point qu'on a mis en doute si la curiosité seule pourrait engager et soutenir dans un long travail l'homme qui aurait perdu toute espérance de vivre avec ses semblables. Ainsi se trouve assurée entre les hommes la communication de leurs découvertes respectives.

III. *Du désir d'estime.*

126. Ce principe se manifeste de bonne heure chez les enfans : long-temps avant qu'ils aient pu réfléchir aux avantages de la bonne opinion des autres, et même avant qu'ils aient

acquis l'usage de la parole, on les voit sensiblement mortifiés par la moindre marque de négligence ou de mépris. Le désir d'estime semble donc être un principe primitif de notre nature, ou, en d'autres termes, un de ces principes qui ne peuvent se résoudre ni dans la raison, ni dans l'expérience, ni dans aucun autre fait plus général qu'eux. La puissante influence qu'il exerce sur l'âme vient à l'appui de cette induction; influence si énergique, qu'aucun autre principe actif ne peut la balancer. Même l'amour de la vie cède tous les jours au désir de l'estime, et d'une estime qui, ne s'attachant qu'à notre mémoire, ne peut exciter en nous aucune considération intéressée. Il est difficile de concevoir comment l'association des idées pourrait former par-delà les principes de notre constitution un principe secondaire plus fort qu'eux tous sans exception.

127. De même que la faim et la soif, sans être intéressées, sont cependant immédiatement utiles à notre conservation, de même le désir d'estime, sans être un principe social ou bienveillant, contribue cependant d'une manière directe au bonheur de la société.

IV. *Du désir de pouvoir.*

128. Toutes les fois que nous pouvons nous

regarder comme les auteurs d'un effet, la conscience de notre pouvoir excite en nous un mélange de joie et d'orgueil. Le plaisir est en général proportionné à la grandeur de l'effet, comparée à la faiblesse de notre exertion.

129. L'enfant encore à la mamelle se plaît à exercer son pouvoir naissant sur tous les objets qui sont à sa portée. Il est mortifié si quelque accident lui fait sentir sa faiblesse. Les passe-temps des garçons ont presque sans exception ce caractère, de leur donner l'idée de leur puissance : et la même remarque peut s'étendre aux jeux actifs et aux exercices athlétiques de la jeunesse et de l'âge viril.

130. A mesure que nous avançons en âge et que l'activité de nos facultés physiques se perd avec leur vigueur, notre ambition change de nature. Nous cherchons dans la supériorité de la fortune et du rang, ou dans celle plus flatteuse encore de nos talens intellectuels, les moyens d'étendre notre influence sur les autres : la force de l'entendement, l'étendue des connaissances, les artifices de la persuasion, et les finesses de l'habileté sont mis en œuvre pour ce but. Quelle autre idée que celle du pouvoir réjouit l'orateur dans le sentiment de son éloquence ; quand il fait taire par l'ascendant de son génie la raison des autres, qu'il tourne à ses

desseins leurs désirs et leurs passions, et que sans le secours de la force ou la splendeur du rang il devient l'arbitre des nations?

131. On peut, en partie, rapporter au même principe le plaisir que nous cause la conception des théorèmes généraux. Chaque découverte de cette espèce nous met en possession d'une quantité innombrable de vérités et de faits particuliers, et met à nos ordres, pour ainsi dire, toute une tribu de connaissances sur laquelle nous n'avions aucun empire auparavant. C'est ainsi que le désir du pouvoir devient l'auxiliaire du désir de connaissance dans le développement de la raison et les progrès de l'expérience.

132. Le désir du pouvoir entre également pour quelque chose dans notre attachement à la propriété. Il ne nous suffit pas d'avoir l'usage d'un objet; nous voulons l'avoir complétement à nous, sans en être responsables à qui que ce soit.

133. L'avarice n'est qu'une modification du désir du pouvoir, qui dérive des différens usages de l'argent dans les pays civilisés. Son influence, comme principe actif, est considérablement augmentée par l'habitude et l'association des idées.

134. L'amour de la liberté procède en grande partie du même principe. Il faut que nous puissions faire tout ce qui flatte nos inclinations. Si l'esclavage nous mortifie, c'est qu'il met des bornes à notre pouvoir.

135. L'amour même de la tranquillité et de la retraite a été résolu par Cicéron dans le désir du pouvoir : *Multi autem et sunt et fuerunt, qui eam, quam dico, tranquillitatem expetentes, à negotiis publicis se removerint, ad otiumque perfugerint. His idem propositum fuit, quod regibus; ut ne quâ re egerent, ne cui parerent, libertate uterentur; cujus proprium est, sic vivere ut velis. Quare, cùm hoc commune sit potentiæ cupidorum cum iis, quos dixi, otiosis; alteri se adipisci id posse arbitrantur, si opes magnas habeant; alteri, si contenti sint et suo et parvo.*

136. L'idée du pouvoir contribue également au plaisir de la vertu. Nous aimons à suivre nos penchans sans être assujettis à la censure d'un supérieur; mais cette indépendance ne suffit pas à notre bonheur. Lorsque des habitudes vicieuses ou la force de la passion nous entraînent à des choses que la raison désapprouve, le sentiment de la domination qu'exercent sur nous les principes inférieurs de notre nature nous mortifie et nous donne la conscience amère de notre faiblesse et de notre lâcheté. Il n'en

est pas de même chez l'homme qui se sent capable en toute occasion de calmer le tumulte des passions et d'obéir aux froides suggestions du devoir et de l'honneur : la liberté, l'indépendance, l'élévation d'âme et l'orgueil de la vertu sont ses sentimens naturels.

V. *Du désir de supériorité.*

137. On a souvent rangé l'émulation parmi les affections : mais elle semble tomber plus naturellement sous la définition des désirs. Il est vrai que ce principe est souvent accompagné de malveillance pour autrui; mais cette affection malveillante n'est qu'une circonstance accessoire : le désir de supériorité est le véritable principe actif.

138. L'affection malveillante n'accompagne même pas nécessairement le désir de supériorité. Quelque rare que puisse être le cas, on conçoit l'émulation entre deux hommes unis par l'amitié la plus cordiale, sans qu'aucun sentiment de malveillance vienne troubler leur mutuel attachement.

139. Lorsque l'émulation est accompagnée d'une affection malveillante, elle prend le nom d'*envie*. Le Docteur Butler a très-bien marqué la différence qui distingue ces deux principes.

« L'émulation, dit-il, est proprement le désir de devenir supérieur à ceux avec qui nous nous comparons : vouloir y parvenir en abaissant les autres au-dessous de notre niveau, telle est la nature de l'envie. Ainsi la passion naturelle de l'émulation et la passion dépravée de l'envie ont exactement le même but ; faire le mal n'est donc pas la fin de l'envie, mais le moyen dont elle use pour arriver à sa fin. »

140. On remarque dans les animaux quelques faibles symptômes d'émulation ; mais elle n'y produit que des effets insignifians. Elle opère parmi les hommes dans une infinité de directions, et doit être regardée comme un des ressorts les plus énergiques du développement de notre espèce.

---

141. Comme nous avons des appétits factices, nous avons des désirs artificiels. Tout ce qui peut contribuer à nous faire obtenir l'objet d'un désir naturel, nous le voulons d'abord comme moyen et à cause de la fin : puis très-souvent il finit par prendre à nos yeux une valeur propre. C'est ainsi que la richesse devient pour plusieurs le terme véritable de leur ambition : elle n'est cependant qu'un moyen, et n'a d'abord de prix qu'à ce titre. De même, on voit les hommes désirer de riches vêtemens, des équipages, des

valets, des meubles, en considération de l'effet que toute cette magnificence produit sur le public. Hutcheson a appelé *secondaires* cette sorte de désirs. L'association des idées explique aisément leur formation.

SECTION IV.

DES AFFECTIONS.

142. Nous comprenons sous ce titre tous ces principes actifs qui ont pour objet direct et définitif de communiquer à quelqu'un de nos semblables le plaisir ou la douleur. D'après cette définition, le *ressentiment*, la *vengeance*, la *haine*, se rangent dans cette classe de principes aussi-bien que la *reconnaissance* ou la *pitié*. Nos affections se distinguent donc en *bienveillantes* et *malveillantes*.

I. *Des affections bienveillantes.*

143. Nos affections bienveillantes sont très-variées, et peut-être serait-il malaisé d'en donner une énumération complète : *l'amour paternel* et *filial*, les *affections* de parenté, *l'amour*, *l'amitié*, le *patriotisme*, la *philanthropie*, la *reconnaissance*, la *pitié*, sont au nombre des plus im-

portantes. Il y a, de plus, des affections bienveillantes particulières excitées par certaines qualités morales qui rendent tel homme aimable, respectable ou digne d'admiration.

144. Nous ne prétendons pas que les affections bienveillantes que nous venons de nommer soient toutes des principes primitifs ou des faits irréductibles de notre constitution. Il est très-probable, au contraire, que plusieurs de ces affections rentrent dans un même principe qui se modifie diversement, selon les circonstances dans lesquelles il agit. Quoi qu'il en soit, et malgré l'importance qu'on a quelquefois attachée à ce problème, ce n'est là qu'une question d'arrangement. Soit que nous regardions ces principes comme des faits primitifs, soit que nous les supposions réductibles dans d'autres faits plus généraux, toujours est-il qu'ils font partie intégrante de la nature humaine; et, dans l'une ou l'autre supposition, il y a lieu d'admirer avec quelle sagesse cette nature est adaptée à la situation où elle se trouve. Les lois qui règlent les perceptions acquises de la vue ne font pas moins partie de notre constitution que celles qui président à nos perceptions immédiates; et bien qu'elles exigent pour se développer un certain degré d'expérience et d'observation, l'uniformité de leurs résultats montre assez qu'il n'y a rien d'arbitraire ni d'accidentel dans leur origine.

145. Sans doute la question de l'origine des différentes affections conduit à quelques recherches intéressantes. Mais elle n'est pas d'une importance comparable à celle de leur nature, de leurs lois, de leur destination. Il semble néanmoins qu'on lui ait donné la première place dans plusieurs systèmes philosophiques sur cette partie de notre constitution.

146. Traiter en détail de la nature, des lois et de la destination de nos affections bienveillantes est une entreprise incompatible avec la brièveté de ce livre, qui n'a d'autre objet que de présenter une suite de divisions et de définitions, avec quelques remarques indispensables pour faire comprendre le plan qu'on s'est proposé. L'énumération précédemment donnée (§ 143) montre dans quel ordre le sujet pourrait être traité en détail. Quant aux remarques qui vont suivre, elles s'appliqueront également à tous les principes compris sous le titre général d'affections bienveillantes.

147. Le développement de toute affection bienveillante est accompagné d'une sensation ou d'une émotion agréable. Cette source de bonheur est si abondante, que les auteurs, dont le but est de charmer l'esprit, puisent dans ces affections quelques-uns de leurs meilleurs moyens de plaire. De là surtout la puissance de

la tragédie et des autres compositions pathétiques. On peut douter s'il est bon de dépenser ainsi la pitié à des malheurs imaginaires, et de séparer de la sorte le principe actif des circonstances réelles où l'action pourrait le suivre.

148. Il ne faut pas croire que les affections vertueuses soient les seules qui donnent du plaisir. Il s'attache également aux affections criminelles, et séduit souvent la jeunesse et l'irréflexion par les charmes qu'il prête à la folie et au vice.

149. Même lorsque les affections bienveillantes sont trompées dans leurs poursuites, le plaisir qui leur est attaché subsiste à quelque degré et se mêle à la peine. Il y a plus, quelquefois le plaisir prédomine de beaucoup.

150. La cause finale de l'émotion agréable qui accompagne le développement de la bienveillance dans ses diverses modifications est évidente. Cette émotion a pour objet de nous porter à cultiver avec soin une classe de principes si immédiatement utile au bonheur de la société.

151. Malgré le plaisir que nous trouvons à nous abandonner aux affections bienveillantes, elles n'ont rien d'intéressé dans leur origine. Différens écrivains l'ont démontré jusqu'à l'évi-

dence. Nous savons que cette opinion ne s'accorde pas avec les systèmes de plusieurs philosophes anciens et modernes ; mais elle n'en est pas moins conforme aux faits, et l'analogie des autres principes actifs que nous avons examinés la confirme puissamment.

152. Nous avons vu que la conservation des individus et la propagation de l'espèce n'ont été confiées ni à l'intérêt ni à la raison ; mais que nous sommes doués de certains appétits qui nous poussent à leurs objets respectifs sans aucune réflexion de notre part. Nous avons également trouvé que l'acquisition des connaissances d'où dépendent et le perfectionnement des individus et celui de l'espèce n'avait pas été uniquement abandonnée à l'intérêt et à la bienveillance, mais que nous étions entraînés vers ce but important par le principe inné de curiosité. Enfin nous avons reconnu que le sentiment du devoir avait aussi son auxiliaire dans le désir de l'estime, qui n'est pas seulement un de nos principes actifs les plus puissans, mais qui continue d'agir dans toute la plénitude de son énergie jusqu'au dernier moment de notre existence. Nous trouvons maintenant que l'homme est évidemment destiné à vivre en société, et que l'union sociale ne peut subsister sans un échange mutuel de bons offices : n'est-il pas raisonnable d'en induire, par analogie avec toutes les autres

parties de notre nature, qu'un résultat aussi important n'a pas pour seule garantie les tardives déductions de la raison ou les calculs métaphysiques de l'intérêt ; mais que son accomplissement a été confié à une classe particulière de principes actifs destinés à opérer sans le secours de la réflexion, comme les appétits et les désirs ? Affirmer que c'est ainsi qu'agissent les affections de parenté ou la pitié, ce n'est rien dire de plus en leur faveur que ce que nous avons dit de la faim et de la soif; savoir : que ces principes nous poussent à certaines fins particulières sans aucun retour sur notre propre intérêt.

II. *Des affections malveillantes.*

153. Différentes dénominations désignent ces affections dans le langage ordinaire : on distingue la *haine*, la *jalousie*, l'*envie*, la *vengeance*, la *misanthropie*. Mais il est à croire que de tous les principes de cette espèce il n'y en a qu'un qui soit inné en nous, le *ressentiment.* C'est sur cette tige unique que nos opinions erronées et nos mauvaises habitudes ont greffé tous les autres.

154. On a distingué le ressentiment *instinctif* et le ressentiment *délibéré.* Le premier agit dans l'homme exactement de la même manière

que dans les animaux, destiné sans doute à nous mettre en garde contre une violence soudaine, dans les cas où la raison viendrait trop tard à notre aide. Cette espèce de ressentiment tombe aussitôt que nous sommes assurés que l'injure n'était pas faite avec intention.

155. L'injure avec intention excite seule en nous le ressentiment délibéré : aussi cette sorte de ressentiment implique-t-elle une notion de justice ou de bien et de mal moral.

156. Le ressentiment excité par une injure faite à un autre s'appelle proprement *indignation*. Dans les deux cas, le principe semble être fondamentalement le même, et paraît avoir pour objet, non de communiquer la douleur à un être sensible, mais de punir l'injustice et la cruauté.

157. De même que toute affection bienveillante est accompagnée d'une émotion agréable, de même toute affection malveillante trouble l'âme et la fait souffrir. Cela est vrai, même du ressentiment, quelque justice que lui prête la conduite injurieuse de l'offenseur.

---

158. Dans la revue que nous venons de faire de nos principes actifs, nous n'avons pas parlé

des *passions*; la vérité est que ce mot, dans son acception propre, ne s'applique exclusivement à aucune classe de ces principes, mais à toutes, lorsque nous souffrons qu'ils passent les bornes de la modération. Alors une agitation ou commotion sensible se fait remarquer dans le corps; notre raison est troublée; nous perdons jusqu'à un certain point le pouvoir de nous commander, et nous sommes entraînés à agir par une impulsion presque irrésistible. L'ambition, la soif de réputation, l'avarice, la compassion, l'amour, la reconnaissance, le ressentiment, l'indignation, acquièrent également dans de certaines circonstances le triste droit d'être ainsi nommés. Lorsque nous parlons en général de la *passion*, communément il s'agit du ressentiment; sans doute parce que cette affection trouble plus notre raison et nous enlève plus complétement la possession de nous-même qu'aucun autre principe de notre nature.

SECTION V.

DE L'AMOUR DE SOI.

159. Si les principes actifs que nous avons passés en revue formaient à eux seuls la constitution de l'homme, elle serait toute semblable à celle des bêtes. Mais sa raison rend sa nature, et, par-là, sa condition tout-à-fait différentes.

160. Les bêtes sont incapables de prévoir les conséquences de ce qu'elles font; elles ne peuvent non plus comparer ensemble les différentes jouissances auxquelles leurs besoins les font aspirer : c'est pourquoi, si toutefois les apparences ne nous trompent pas, elles cèdent toujours à l'impulsion du moment. L'homme, au contraire, a le pouvoir d'embrasser d'une seule vue ses différens principes d'actions, et de former un plan de conduite pour atteindre ce qu'il a préféré. De tels plans impliquent la faculté de refuser momentanément aux divers principes d'action la satisfaction qu'ils demandent.

161. Selon le principe particulier qui gouverne habituellement la conduite d'un homme, on le dit avare, ambitieux, studieux, voluptueux; et sa conduite est plus ou moins systématique, selon qu'il adhère avec plus ou moins de persévérance à ce plan général.

162. Une constance systématique dans la poursuite d'une fin particulière, tant que cette fin est nécessaire à la satisfaction complète de notre passion dominante, est beaucoup plus favorable au perfectionnement moral que l'indécision entre les buts divers que la vie nous présente, et la dissipation intellectuelle qui en résulte. Le voluptueux lui-même, lorsqu'il l'est

systématiquement, est capable de maîtriser un plus grand nombre de caprices sensuels, et de prolonger ses jours beaucoup plus avant qu'un libertin étourdi : et quelque viles que soient les pensées qui l'occupent, l'unité de direction manque rarement de donner à ses facultés intellectuelles un certain degré de culture.

163. Il n'y a peut-être qu'une exception à la vérité de cette remarque : c'est le cas où le principe dominant est la *vanité*. La règle de conduite étant empruntée du dehors, la conduite elle-même doit être incessamment variable et flottante. Aussi remarque-t-on que, si les hommes vains se signalent souvent par d'éclatantes actions, rarement vont-ils loin dans une carrière déterminée, à moins que l'opinion publique, par un concours singulier de circonstances, ne les pousse constamment dans le même sens pendant toute la durée de leur vie.

164. Une conduite systématique et toujours dirigée vers le même but est aussi plus favorable au bonheur que celle qui est soumise à l'influence des inclinations et des besoins du moment. Celui-là même qui a pour principe de n'en pas avoir, s'il est bien arrêté dans cette opinion, se trouve libre de cette inévitable inquiétude qui trouble la tranquillité des caractères mobiles et inconstans.

165. Il est encore un autre rapport important sous lequel la nature de l'homme diffère de celle des bêtes ; c'est qu'il est capable de mettre à profit son expérience, soit pour éviter les plaisirs qui ont le mal pour conséquence, soit pour se soumettre à des peines légères quand il sait qu'elles peuvent le conduire à un plus grand bien. En un mot, il est capable de se former une idée générale du bonheur et de délibérer sur les moyens d'y parvenir.

166. L'idée de *bonheur* implique que le bonheur est un objet désirable ; ce qui fait que, l'amour de soi est un principe actif très-différent de tous ceux que nous avons examinés. Ces derniers peuvent être l'effet d'un arrangement arbitraire; et c'est pourquoi on leur a donné le nom de *principes innés*. Le désir du bonheur peut s'appeler *principe rationnel*, parce qu'il est le propre d'une nature raisonnable, et sa conséquence nécessaire.

167. En intitulant cette section *de l'amour de soi*, nous avons suivi le langage commun des philosophes modernes. L'expression n'est cependant point aussi bonne qu'on pourrait le désirer : elle ferait croire (ce qui n'est pas) qu'il y a de l'analogie entre le soin que tout être raisonnable doit nécessairement prendre de son propre bonheur et ces affections bienveillantes

qui nous attachent à nos semblables. On a de même jeté beaucoup de confusion dans les recherches morales en donnant au mot *amour de soi* le sens du mot *égoïsme*.

168. Le mot *égoïsme* est toujours pris en mauvaise part: et de là quelques auteurs n'ont vu dans ce défaut qu'une exagération du soin que nous devons prendre de notre propre bonheur. Il est remarquable, cependant, que bien que nous donnions à l'avarice et à la sensualité l'épithète d'*égoïstes*, nous ne l'appliquons jamais ni au désir de connaissance, ni à l'amour de la vertu, qui sont à coup sûr des sources de plaisirs plus exquis que les richesses ou les voluptés sensuelles.

169. En examinant la chose d'un peu près, on trouverait probablement que le mot *égoïsme*, appliqué à la poursuite d'un but, ne se rapporte point au motif de cette poursuite, mais à l'effet qu'elle produit dans notre conduite. Ni les appétits, ni l'avarice, ni la curiosité, ni le désir de la perfection morale ne dérivent de l'amour de soi; mais quelques-uns de ces principes nous détachent de la société plus que ne font les autres : sans indiquer un plus grand attachement à notre propre bonheur, ils trahissent une plus grande indifférence pour le bonheur des autres. Les poursuites de l'avare ne sont mêlées d'au-

cune affection sociale : au contraire, ses intérêts se trouvent toujours en opposition avec ceux de ses voisins. Les jouissances de l'épicurien expirent dans sa propre personne : en les recherchant, il ne fait donc rien pour ses semblables et néglige ses devoirs sociaux. Il n'en est pas de même du désir de connaissance, qui est toujours accompagné du besoin de communication : ni de l'amour de l'excellence morale, qui, dans sa tendance pratique, coïncide d'une manière si remarquable avec la bienveillance, qu'un grand nombre d'auteurs ont essayé de résoudre l'un des principes dans l'autre.

170. Mais ce qui prouve évidemment que nous n'entendons point par *égoïsme* la considération de notre propre bonheur, c'est que le blâme que nous jetons sur les poursuites ainsi qualifiées, est en partie fondé sur ce qu'elles impliquent le sacrifice de nos véritables intérêts à quelque principe inférieur de notre nature. Voyons-nous, par exemple, un homme esclave de ses appétits animaux, loin que nous le considérions comme vivant sous l'influence d'un amour de soi exagéré, nous le prenons en pitié et nous le méprisons de négliger les plaisirs plus élevés et plus purs qu'il ne tiendrait qu'à lui de goûter.

SECTION VI.

DE LA FACULTÉ MORALE.

ARTICLE I*er*.

Observations préliminaires, ayant pour principal but de montrer que la faculté morale est un principe primitif de notre nature qui ne peut se résoudre dans aucun autre.

171. Les faits rapportés dans le dernier paragraphe de la section précédente ont conduit quelques philosophes à conclure que la vertu est purement une affaire de prudence, et que le sens du devoir n'est, sous un autre nom, que l'amour de soi bien entendu. Cette manière d'envisager le sujet était assez naturelle : nous trouvons qu'en général ces deux principes conduisent aux mêmes actions, et nous avons des raisons de croire que, si notre connaissance des choses était plus étendue, on reconnaîtrait leur accord dans tous les cas possibles.

172. Néanmoins, diverses considérations démontrent que nous avons un sens du devoir

qu'on ne saurait résoudre dans l'amour de notre propre bonheur.

1° Toutes les langues ont des mots qui équivalent à ceux de *devoir* et d'*intérêt* dans la nôtre, et leur acception distincte n'a jamais été confondue. En général on les voit coïncider dans l'application; mais toujours ils emportent des idées différentes.

2° Les émotions qui dérivent de la contemplation de ce qui est juste ou injuste diffèrent dans le degré et dans l'espèce de celles que la vue de notre propre bonheur fait naître. On le voit surtout dans les émotions excitées en nous par la conduite morale des autres : car nous avons tant de penchant à nous aveugler sur nous-mêmes, que peu d'hommes jugent de leurs actions avec un désintéressement parfait. Les émotions que les personnages de l'histoire et les héros de roman nous causent, sont quelquefois encore plus vives que tout ce que nous font éprouver les caractères qui leur ressemblent dans le cercle de nos relations sociales. Néanmoins, de toutes les occasions d'observer ces phénomènes, les représentations théâtrales sont la plus favorable. Toute espèce d'enthousiasme se produisant avec plus de force quand les hommes sont réunis, nos sentimens moraux se développent sur une bien plus grande échelle au théâtre que dans le cabinet. Aussi les moindres suggestions du poëte excitent jusqu'au transport les passions de l'auditoire, et arrachent des larmes aux personnes même les plus réservées et qui apprécient le mieux la valeur des choses.

3° Bien que les philosophes aient montré que le sens du devoir et l'intérêt bien entendu s'accordent, dans le plus grand nombre des cas, à nous prescrire la même conduite, au point de mettre hors de doute que même en ce monde la vertu ne soit la vraie sagesse, cependant, c'est une vérité qui échappe au sens commun de l'humanité et qui ne peut ressortir que d'une vue étendue des affaires humaines, et d'un examen attentif des conséquences de nos différentes actions. Aussi-bien, devons nous à l'expérience et à la réflexion cet enseignement, que la vertu est un moyen de prospérité. Ces grands principes de moralité, qui se retrouvent avec la même évidence dans la conscience de tous les hommes, ne peuvent donc résulter uniquement d'un calcul d'intérêt personnel.

4° Cette vérité est confirmée par l'époque de la vie où nos jugemens moraux font leur première apparition. Ils se manifestent dans l'enfance de la raison, et long-temps avant qu'elle soit capable de former la notion générale de *bonheur*.

173. Pour échapper à la force de quelques-uns des argumens précédens, on a supposé que les règles morales avaient été primitivement dé-

couvertes par la sagacité des philosophes et des politiques, et que, popularisées et transmises par l'éducation, elles avaient fini par prendre l'apparence d'un élément constitutif de la nature humaine. On a regardé comme une confirmation puissante de cette doctrine la diversité des opinions des différens peuples sur la moralité de certaines actions particulières.

174. Mais le pouvoir de l'éducation, quelque grand qu'il soit, a ses limites assignables. Il ne peut produire d'effet qu'en agissant dans le sens des principes constitutifs de notre nature. Même cette susceptibilité d'éducation, qui est le caractère universel de notre espèce, implique l'existence de certains principes naturels communs à tous les individus qui la composent.

175. Le pouvoir qu'a l'éducation de diversifier pour ainsi dire la physionomie de la nature humaine, repose sur cette loi de notre constitution que nous avons appelée *association des idées*. Et cette loi suppose elle-même, dans tous les cas, qu'il existe des opinions et des sentimens essentiels à l'humanité, avec lesquels les circonstances extérieures se combinent, et au moyen desquelles elles s'emparent de l'âme et l'accommodent à sa situation accidentelle.

176. L'éducation peut dans certains cas éta-

blir des diversités dans l'opinion des individus sur le beau et le sublime ; mais l'éducation ne peut créer nos notions de beauté et de laideur, de grandeur et de bassesse. De même, nos sentimens sur telle ou telle action peuvent tenir de l'éducation que nous avons reçue ; mais nous ne pouvons lui devoir les idées mêmes de juste et d'injuste, de mérite et de démérite.

177. Les faits historiques allégués pour démontrer que nos jugemens moraux sont tout-à-fait factices, ne résistent pas à l'examen. Tantôt le sens qu'on leur prête provient des fausses couleurs sous lesquelles on les a représentés ; tantôt ils conduisent à des conclusions tout-à-fait opposées à celles qu'on en tire, lorsque l'on a tenu compte, et des différentes circonstances où les hommes se sont trouvés dans les périodes successives du développement social, et de la diversité de leurs opinions spéculatives, et des différens sens que présente moralement la même action dans les usages et les mœurs des différens peuples.

178. Toutes ces doctrines, quelque erronées qu'elles soient, ont été soutenues par des écrivains, amis sincères de la morale. Mais quelques moralistes licencieux sont allés beaucoup plus loin, et ont essayé de montrer que les motifs de tous les hommes sont au fond les mêmes et

que la vertu n'est autre chose que l'hypocrisie.

179. L'impression désagréable que laissent dans l'âme de tels portraits de la nature humaine les décrédite suffisamment. S'il n'y avait réellement aucune distinction essentielle entre la vertu et le vice, d'où viendrait que nous estimons certaines qualités meilleures et plus méritoires que d'autres? Pourquoi penserions-nous que l'orgueil, la vanité, l'égoïsme, sont des motifs de conduite moins respectables que le patriotisme, la philanthropie, le ferme attachement à ce que nous croyons être le devoir? Pourquoi notre espèce nous paraîtrait-elle moins aimable dans certains systèmes de philosophie que dans d'autres?

180. Une erreur générale parmi les moralistes licencieux a été de confondre la question de l'état actuel de l'espèce humaine avec celle de la réalité des distinctions morales, et de substituer la satire du vice et de la folie des hommes au tableau philosophique des principes de leur constitution. En admettant la fidélité des portraits qu'on nous a quelquefois donnés de la dépravation humaine, la tristesse et le mécontentement qu'ils laissent dans l'âme démontrent assez que nous sommes faits pour aimer et admirer l'excellence morale, et que c'est là une loi de notre nature. L'hypocrisie elle-

même, comme l'a remarqué La Rochefoucault, est un hommage que le vice rend à la vertu.

ARTICLE II.

Analyse de nos perceptions et de nos émotions morales.

181. Après avoir établi l'universalité de la perception morale comme partie essentielle de notre constitution, la question qui se présente est celle de la formation des idées de justice et d'injustice. Devons-nous les rapporter à un principe particulier de notre nature, destiné à percevoir ces qualités dans les actions, comme le sont nos sens externes à percevoir les qualités de la matière? ou bien proviennent-elles du même pouvoir intellectuel qui découvre le vrai dans les sciences abstraites? ou bien enfin pourrait-on les réduire dans des notions encore plus simples qu'elles et plus générales? Toutes ces opinions ont été soutenues par des auteurs considérables. Pour établir un jugement sur le point en litige, il est nécessaire d'analyser ce qui se passe en nous, et quand nous sommes témoins d'une bonne ou d'une mauvaise action accomplie par une autre personne, et quand nous réfléchissons sur nos propres actions. Dans l'un et l'autre cas, nous avons conscience de trois faits différens.

1° Perception d'une action, comme *juste* ou *injuste*.

2° Sentiment de plaisir ou de peine plus ou moins vif, selon la susceptibilité de notre sensibilité.

3° Perception du *mérite* ou du *démérite* de l'agent.

I.

182. La controverse sur l'origine de nos idées morales s'est élevée dans les temps modernes à l'occasion des écrits de Hobbes. Selon lui, c'est par amour pour nous-mêmes que nous approuvons les actions vertueuses ou utiles à la société : car nous savons que tout ce qui favorise l'intérêt de la société tend indirectement à favoriser le nôtre. Il enseignait de plus que, comme c'est à l'institution du gouvernement que nous devons tous les avantages et la sécurité de la vie sociale, les lois qu'impose le magistrat civil, sont les règles suprêmes de la moralité.

183. Le docteur Cudworth, qui, contradictoirement au système de Hobbes, montra le premier, d'une manière satisfaisante, que nos idées de justice et d'injustice ne dérivent point des lois positives, rapporte l'origine de ces idées au pouvoir qui distingue le vrai du faux, et pendant quelque temps il fut de mode parmi les moralistes de dire que la vertu consiste, non

point à obéir à la loi d'un maître, mais à se conduire conformément à la raison.

184. Dans le temps où Cudworth écrivait, on n'avait point encore essayé d'établir une classification exacte des principes de l'esprit humain. En conséquence, son opinion sur la distinction du juste et de l'injuste par la raison, passa sans contrôle. On n'y voyait qu'une chose, c'est qu'il y a entre le juste et l'injuste, non moins qu'entre le vrai et le faux, une éternelle et immuable distinction, et que ces deux distinctions sont également perçues par nos pouvoirs rationnels, c'est-à-dire par cette classe de facultés qui nous élèvent au-dessus des bêtes.

185. La publication de l'Essai de Locke introduisit dans cette partie de la science une précision d'expression inconnue jusqu'alors, et apprit aux philosophes à distinguer une variété de facultés qui auparavant avaient été généralement confondues. Avec ce grand mérite néanmoins, son ouvrage a des défauts capitaux, parmi lesquels le plus important est la tentative qu'il a faite de déduire toute notre connaissance de la sensation et de la réflexion. Ces deux facultés, selon lui, sont les sources uniques de toutes nos idées simples, et le seul pouvoir que notre esprit possède, consiste à exécuter certaines opérations d'analyse, de com-

binaison, de comparaison, etc., sur les matériaux qui lui ont été fournis de la sorte.

186. Ce système conduisit Locke à quelques opinions dangereuses sur la nature des distinctions morales, qu'il semble avoir considérées comme des effets de l'éducation et de la coutume; et certes il est malaisé d'échapper à cette conclusion, si les mots de *juste* et d'*injuste* n'expriment ni des idées simples ni des rapports que la raison puisse percevoir.

187. Pour réconcilier l'opinion de Locke sur l'origine de nos idées avec l'immutabilité des distinctions morales, on proposa sur la nature de la vertu différentes théories. Selon l'une, par exemple, elle consistait dans une conduite conforme à la nature des choses; selon l'autre, dans une conduite conforme à la vérité. Le grand objet de toutes ces théories est le même : tirer le juste et l'injuste de la classe des idées simples, et résoudre la rectitude morale dans une conformité à quelque rapport perçu par la raison ou l'entendement.

188. Le docteur Hutcheson montra clairement la vanité de ces tentatives : ce qui le conduisit, en s'accommodant au langage de la philosophie de Locke, à rapporter l'origine de nos idées morales à un pouvoir particulier de per-

ception auquel il donna le nom de *sens moral*. Toutes les idées, dit-il, ou si l'on veut, tous les matériaux de nos jugemens et de nos raisonnemens, sont reçus par quelques facultés immédiates de perception, internes ou externes, que nous appelons *sens*. Le raisonnement ou l'entendement paraît, non pas créer de nouvelles espèces d'idées, mais découvrir ou discerner les rapports qui existent entre les idées acquises.

189. Selon ce système, à l'entendre comme on a coutume de le faire, nos perceptions du juste et de l'injuste sont des impressions que notre esprit est fait pour recevoir à la vue de certaines actions; semblables aux goûts et aux répugnances que nous inspirent les objets particuliers de nos sens internes ou externes.

190. Les écrivains modernes ont déduit de l'hypothèse d'un sens moral différentes conclusions sceptiques. Les mots *juste* et *injuste*, a-t-on dit, ne représentent rien dans les choses qu'ils désignent, pas plus que les mots *doux* et *amer*, *agréable* et *désagréable*. Ils n'expriment que certains effets dans l'âme du spectateur; et comme il est impropre, ajoute-t-on, de dire d'un objet du goût qu'il est *amer*; ou de la chaleur, qu'elle est dans le feu, de même il est impropre de dire des actions qu'elles sont *justes* ou *injustes*.

Il est absurde de parler de la moralité comme d'une chose indépendante et invariable, puisqu'elle ne dérive que d'un rapport arbitraire entre notre constitution et certains objets particuliers.

191. Afin d'échapper à ces prétendues conséquences de la philosophie de Hutcheson, quelques écrivains modernes, et en particulier le Docteur Price, ont essayé de faire revivre la doctrine de Cudworth, et de prouver que les distinctions morales, étant perçues par la raison ou l'entendement, sont aussi immuables que toutes les autres espèces de vérité.

192. C'est la plus importante question qu'on puisse agiter sur la théorie de la morale. L'obscurité qui l'enveloppe dérive principalement de l'usage de termes ambigus et mal définis.

193. Que les distinctions morales soient perçues par un *sens*, c'est ce qui est impliqué dans la définition des sens donnée par Hutcheson, pourvu qu'on accorde (comme l'a fait explicitement Price) que les mots *juste* et *injuste* expriment des idées simples ou des idées qui ne sont pas susceptibles d'analyse.

194. Observons en outre, pour la justification de Hutcheson, que les conséquences scep-

tiques qu'on a déduites de son hypothèse d'un sens moral, n'en sortent point nécessairement. Malheureusement, il tira des qualités secondaires de la matière, que les philosophes depuis Descartes ont l'habitude de placer dans l'esprit, et non dans l'objet, la plupart des exemples dont il avait besoin pour expliquer sa doctrine ; mais si nous supposons la perception du juste et de l'injuste analogue à celle de l'étendue, de la figure et des autres qualités premières, la réalité et l'immutabilité des distinctions morales paraissent fondées d'une manière satisfaisante pour un homme de bonne foi (§ 31 et 32).

195. Nous devons dire néanmoins que la définition des sens de Hutcheson est beaucoup trop générale. Évidemment elle lui fut suggérée par l'Essai de Locke sur l'origine de nos idées. Les mots *cause* et *effet*, *durée*, *nombre*, *égalité*, *identité*, et quelques autres, expriment des idées simples aussi-bien que ceux de *juste* et d'*injuste*; et cependant il serait certainement absurde de créer pour chacune d'elles une faculté spéciale de perception. Malgré son imperfection, comme l'expression de *sens moral* a maintenant la sanction de l'usage, et qu'elle ne peut conduire à aucune conséquence fâcheuse lorsqu'elle est convenablement expliquée, on peut encore la conserver sans inconvénient dans les discussions morales.

196. Voyons maintenant à quelle partie de notre constitution nous devons attribuer l'origine de nos idées de juste et d'injuste. Price dit : à l'entendement ; et il s'efforce de montrer, contradictoirement à Locke et à son école que : « l'entendement ou la faculté qui discerne « le vrai est une source d'idées nouvelles. »

197. Cette discussion roule principalement sur l'acception des mots. L'origine de nos idées de justice et d'injustice est évidemment la même que celle des autres idées simples que nous avons citées plus haut. Qu'on les rapporte ou non à l'entendement, ce n'est guère qu'une affaire d'arrangement, pourvu que l'on convienne que les mots de *juste* et d'*injuste* expriment dans les actions des qualités réelles, et non pas simplement un pouvoir qu'elles auraient d'exciter en nous certaines impressions agréables ou désagréables.

198. Peut-être préviendrons-nous quelques objections contre le langage de Cudworth et de Price, en remarquant que le mot *raison* est usité dans des sens très-différens. Quelquefois il exprime l'ensemble des facultés qui élèvent l'homme au-dessus des bêtes et constituent sa nature raisonnable, et plus spécialement, peut-être, ses facultés intellectuelles ; quelquefois il désigne la faculté de déduction ou d'argumen-

tation. C'est dans le premier sens que ce mot est employé dans le discours ordinaire, et c'est aussi dans ce sens qu'il semble avoir été pris par les écrivains qui ont rapporté à la raison l'origine de nos idées morales. Leurs antagonistes, d'un autre côté, entendent en général par *raison*, la faculté déductive ou le raisonnement, acception assez naturelle, si on considère l'analogie entre les mots *raison* et *raisonnement*, mais qui s'accommode peu au sens ordinaire qu'on lui donne. « Aucune hypothèse « inventée jusqu'ici, dit Campbell, n'a mon- « tré que, par le moyen du raisonnement, sans « le secours d'aucune autre faculté de l'âme, « nous puissions jamais acquérir une notion ou « du beau ou du bien. » La remarque est incontestablement vraie et s'applique à tous les systèmes qui attribuent à la raison l'origine de nos idées morales, si les expressions *raison* et *raisonnement* sont regardées comme synonymes. Mais si on prend le mot *raison* dans un sens plus général, si on s'en sert pour désigner simplement notre nature intellectuelle et raisonnable, il y a, ce nous semble, peu d'inconvénient à lui attribuer l'origine de ces notions simples qu'aucune opération immédiate des sens ne nous révèle, mais qui naissent de l'application de nos facultés intellectuelles aux différens objets que les sens nous manifestent.

199. On peut citer une foule de jugemens intuitifs qui renferment des idées simples auxquelles il est impossible d'assigner une autre source que la faculté même qui juge : ainsi, c'est certainement une vérité intuitive, que les sensations dont j'ai conscience et celles dont je me souviens appartiennent à un seul et même être que j'appelle *moi*; voilà donc un jugement intuitif qui renferme l'idée simple d'*identité*. De même, les changemens que j'aperçois dans la nature me donnent la conviction que quelque cause les a produits; voilà un autre jugement intuitif qui enveloppe l'idée simple de *causalité*. Lorsque nous considérons les angles adjacens formés par une ligne droite qui tombe sur une autre, et que nous voyons que leur somme est égale à deux angles droits, le jugement que nous formons implique aussi l'idée simple d'*égalité*. Dire que la raison ou l'entendement sont une source d'idées nouvelles, n'est donc point, comme on l'a souvent répété, une si étrange manière de parler. Selon Locke, le sens fournit les idées, la raison perçoit leurs convenances ou disconvenances; mais la vérité est, que ces convenances et disconvenances sont, dans plusieurs cas, des idées simples qu'on ne peut nullement analyser et dont l'origine par conséquent doit être attribuée à la raison, d'après la propre doctrine de Locke.

200. L'opinion que nous émettons sur ce point est au reste de peu d'importance, pourvu qu'on accorde que les mots *juste* et *injuste* expriment des qualités réelles des actions. Lorsque je dis d'un acte de justice qu'il est juste, entends-je seulement que cet acte excite du plaisir dans mon âme, comme telle ou telle couleur, en vertu du rapport qu'elle a avec mon œil, lui agrée? ou bien, entends-je affirmer une vérité aussi indépendante de ma constitution que l'égalité des trois angles d'un triangle à deux droits? On conçoit que le scepticisme s'attache à la vérité morale comme à la vérité mathématique, et on peut le tolérer; mais il n'admet pas plus une réfutation en forme dans un cas que dans l'autre.

201. L'immutabilité des distinctions morales n'a pas seulement été mise en question par des écrivains sceptiques, mais encore par quelques philosophes qui ont adopté leur doctrine, avec le pieux dessein d'étendre les perfections de Dieu. Apparemment ces auteurs n'ont pas réfléchi que ce qu'ils ajoutaient à sa puissance et à sa majesté, ils l'enlevaient à ses attributs moraux : car si les distinctions morales ne sont point immuables et éternelles, il est absurde de parler de la bonté ou de la justice divine.

II.

Des émotions agréables et désagréables qui naissent de la perception de ce qui est juste ou injuste dans la conduite.

202. Il est impossible d'être témoin d'une bonne action sans avoir la conscience d'une affection bienveillante ou d'amour ou de respect pour l'agent qui l'accomplit; et comme toutes nos affections bienveillantes renferment un sentiment agréable, toute bonne action est nécessairement une source de plaisir pour le spectateur. Outre ce plaisir, d'autres sentimens agréables d'ordre, d'utilité, de paix de l'âme, etc. viennent successivement s'associer à l'idée générale de *conduite vertueuse*.

203. Les qualités qui, dans les bonnes actions, excitent d'agréables sentimens dans l'âme du spectateur, composent ce que les moralistes ont appelé *la beauté de la vertu*.

204. Tout cela explique de même, *mutatis mutandis*, et que l'on entend par la *difformité du vice*.

205. Notre perception de la beauté et de la difformité morales est entièrement distincte de

la perception de la justice et de l'injustice des actions : mais les philosophes ont trop peu remarqué cette différence. Parmi les modernes surtout, quelques-uns ont presque entièrement tourné leur attention vers la perception du juste et de l'injuste, et par là ont répandu sur leurs ouvrages je ne sais quoi d'abstrait qui empêche l'intérêt; tandis que les autres, en considérant exclusivement notre perception de la beauté et de la difformité morales, sont tombés dans l'enthousiasme et la déclamation, et ont donné prétexte aux moralistes licencieux de mettre en question l'immutabilité des distinctions morales.

206. Les émotions de plaisir et de peine, excitées par la contemplation de la beauté et de la difformité morales, surpassent tellement toutes celles que peuvent nous causer les formes matérielles, que quelques philosophes ont prétendu que les mots de *beau* et de *sublime* dans leur signification propre expriment des qualités de l'âme, et que si nous sommes affectés par les objets matériels, l'affection ne provient que des idées morales qu'ils suggèrent. C'était la doctrine favorite de l'école de Socrate, qui a été défendue avec beaucoup de talent par divers écrivains modernes.

207. Quelle que soit notre opinion sur cette question spéculative, on ne peut disconvenir

d'un fait, c'est que les bonnes actions et les vertueux caractères offrent le plus délicieux spectacle que puisse contempler l'âme humaine. Le monde externe tout entier n'a point de charmes aussi puissans que ceux qui parent la beauté morale et nous appellent à cultiver des qualités qui font le bonheur et la perfection de notre nature.

208. C'était un objet capital pour les anciens moralistes que cette union de la philosophie et des beaux-arts : ils y voyaient l'avantage d'ajouter à la beauté de la vertu l'attrait que l'imagination donne à toute chose. Les effets qu'il est possible d'obtenir par ce moyen sont faciles à concevoir; tous les jours nous en avons des exemples dans la puissance de l'association à déguiser la bassesse et la laideur des vices à la mode.

III.

De la perception du mérite et du démérite.

209. Les actions vertueuses accomplies par les autres hommes, non seulement excitent dans notre âme une affection bienveillante ou une disposition à contribuer à leur bonheur, mais y font naître encore le sentiment du *mérite* des agens. Nous reconnaissons qu'ils sont les objets

propres de l'amour et de l'estime, et qu'il est moralement juste qu'ils reçoivent leur récompense. Nous-mêmes nous nous sentons appelés à faire connaître au monde leur mérite, afin de leur procurer la faveur et le respect dont ils sont dignes : et si nous souffrons que leur vertu reste dans l'obscurité, il nous semble qu'en réprimant le langage naturel de notre cœur, nous commettons une injustice.

210. Quand, au contraire, nous sommes témoins d'un acte d'égoïsme, de cruauté ou d'oppression ; que nous en soyons ou que nous n'en soyons pas l'objet, non seulement nous sentons naître en nous de l'aversion et de la haine pour le coupable, mais encore nous avons peine à retenir l'épanchement de notre indignation. Les viles passions des individus trouvent un frein dans ce mouvement naturel de l'âme, et, même avant l'établissement des lois positives, le bon ordre y rencontre un appui.

211. Pour ce qui nous regarde, lorsque nous avons conscience de bien faire, nous nous reconnaissons des droits à l'estime et à l'attachement de nos semblables, et nous sentons, avec toute l'évidence d'une perception, que nous jouissons de l'approbation de l'invisible témoin de notre conduite. De là vient qu'au sentiment de notre mérite se joint une anticipation de récompense,

et que nous jetons sur l'avenir un regard plein de confiance et d'espoir.

212. Les remords qui accompagnent la conscience du mal enveloppent également un sentiment de *démérite* et le pressentiment d'une punition future.

213. Bien que le sentiment de mérite et de démérite prouve au philosophe la connexion établie par Dieu entre la vertu et le bonheur, il n'agit pas dans la supposition que des interventions miraculeuses doivent s'opérer en sa faveur dans les occasions particulières. C'est un fait pour lui que la vertu même en ce monde est la route la plus sûre pour arriver au bonheur. Mais il sait que la Divinité gouverne par des lois générales, et s'il se voit déçu dans l'accomplissement de ses vœux, il acquiesce à sa destinée et se console par la perspective de l'avenir. Compter dans les cas particuliers sur l'alliance constante de la bonne fortune et des bonnes actions, de la mauvaise fortune et des mauvaises actions, est un préjugé du vulgaire qui cause bien des désappointemens dans la vie ; mais sa persistance à toutes les époques et chez tous les peuples, témoigne d'une manière éclatante combien sont véritablement associées dans la nature des choses les idées de *vertu* et de *mérite*.

ARTICLE III.

De l'obligation morale.

214. Selon quelques systèmes, l'obligation morale est entièrement fondée sur notre croyance que la vertu est un commandement de Dieu. Mais comment, peut-on demander, cette croyance impose-t-elle une obligation? A cette question on ne saurait faire que l'une de ces deux réponses: ou bien qu'il est moralement obligatoire que nous conformions notre volonté à celle de l'auteur et du maître de l'univers; ou bien que l'intérêt bien entendu doit nous engager par prudence à étudier tous les moyens de nous rendre agréable au tout-puissant arbitre de notre bonheur et de notre malheur. Dans la première supposition, nous faisons un cercle vicieux; nous résolvons le sentiment d'obligation morale dans le sentiment religieux, et le sentiment religieux dans le sentiment d'obligation morale.

215. L'autre système qui fait de la vertu une simple affaire de prudence, bien qu'il paraisse d'abord un peu plus satisfaisant, conduit à des conséquences qui montrent assez son imperfection. Nous indiquerons les deux suivantes:
1° Celui qui ne croit pas à un état futur est par là même déchargé de toute obligation morale,

à moins qu'il ne trouve la vertu utile à son intérêt actuel; 2° un être complétement heureux ne peut avoir ni perceptions ni attributs moraux.

216. De plus, les notions de *récompense* et de *punition* présupposent celles de *justice* et d'*injustice*; elles sont des sanctions à la vertu ou des motifs secondaires de la pratiquer; mais elles supposent l'existence de quelque obligation préalable.

217. Enfin, si la considération de notre situation dans une autre vie constitue l'obligation morale, comment, d'une part, prouverons-nous par les lumières naturelles de la raison, l'existence d'un état futur? et comment, de l'autre, découvrirons-nous quelle conduite est agréable à Dieu? La vérité est, que l'argument le plus solide en faveur de la vie future dérive de nos notions naturelles du juste et de l'injuste, du mérite et du démérite, et du parallèle que nous établissons entre ces notions et le cours général des affaires humaines.

218. Au fait, il est absurde de demander pourquoi nous sommes obligés à la pratique de la vertu? La vraie notion de vertu implique la notion d'obligation. Tout être qui a conscience de la distinction du juste et de l'injuste,

a conscience en même temps d'une loi qu'il est tenu d'observer, ignorât-il complétement l'existence d'un état futur. « Ce qui nous rend dignes « de punition, dit Butler, n'est point de savoir « que nous pouvons être punis, mais simple- « ment de violer une obligation connue. »

219. Les faits que nous venons d'établir conduisent à ce résultat, que la faculté morale, considérée comme principe actif, est essentiellement différente de tous ceux que nous avons parcourus jusqu'ici. La moindre violation de son autorité introduit en nous le remords. Plus au contraire nous sacrifions à son obéissance, plus sont complets notre satisfaction et notre triomphe.

220. L'autorité suprême de la conscience, admirablement décrite par plusieurs des anciens moralistes, n'avait pas, comme principe fondamental de la science morale, excité suffisamment l'attention des modernes jusqu'au temps du Docteur Butler. Shaftesbury lui accorde trop peu d'importance, et c'est le défaut principal de sa philosophie.

221. Si l'on consent à reconnaître cette grande distinction entre la faculté morale et les autres principes actifs de notre nature, il importe peu quelle théorie particulière on adopte sur l'origine

de nos idées morales. Et c'est pourquoi Smith, tout en résolvant l'approbation morale dans un sentiment de l'âme, représente la suprématie de la conscience comme un principe également essentiel à tous les systèmes proposés sur ce sujet : « Quelque fondement que l'on donne à nos
« facultés morales, dit-il, soit qu'on les rap-
« porte à une certaine modification de la raison,
« à un instinct originel appelé *sens moral*, ou à
« quelque autre principe de notre nature, on
« ne saurait mettre en doute que ces facultés ne
« nous aient été données pour diriger notre
« conduite dans la vie : elles portent avec elles
« les plus évidentes garanties de leur mission,
« et témoignent par des signes certains qu'elles
« sont en nous les suprêmes arbitres de nos ac-
« tions, à qui seuls il appartient d'exercer la
« surintendance sur tous nos sentimens, toutes
« nos passions, tous nos appétits, et de décider
« jusqu'à quel point chacun de ces principes doit
« être toléré ou réprimé. Juger les autres prin-
« cipes de notre nature, départir entre eux le
« blâme et l'éloge, telle est l'attribution spéciale
« et l'office de ces facultés. »

SECTION VII.

De quelques principes qui secondent l'influence des facultés morales sur notre conduite.

222. Pour assurer plus complétement le bon ordre de la société, et faciliter l'acquisition des habitudes vertueuses, la nature a pris soin d'ajouter à notre constitution morale différens principes auxiliaires dont l'influence produit quelquefois une conduite conforme aux règles du devoir, sans que l'individu, considéré comme agent moral, ait le moindre mérite à la tenir. Il en est résulté qu'on a confondu quelques-uns de ces principes avec nos facultés morales, et même que des écrivains, dont les vues sur la nature humaine manquaient d'étendue, les ont regardés comme pouvant rendre compte à eux seuls de la perception du juste et de l'injuste. Les plus importans de ces principes sont : 1° le respect humain ; 2° la sympathie ; 3° le sentiment du ridicule ; 4° le goût. Le principe de l'amour de soi, qui a été l'objet d'une des sections précédentes, concourt puissamment au même but.

I.

Du respect humain.

223. Nous avons déjà remarqué que le désir d'estime opère sur les enfans avant qu'ils aient la capacité de distinguer le juste de l'injuste, et que ce principe d'action continue pendant long-temps à exercer sur notre conduite une plus grande influence que l'obligation morale. De là vient sa grande utilité en matière d'éducation, surtout pour nous former de bonne heure à prendre de l'empire sur nous-mêmes. Il nous enseigne, par exemple, à retenir nos appétits dans les bornes que prescrit la décence, et nous accoutume ainsi à la modération et à la tempérance. Et bien que notre conduite ne puisse être appelée *vertueuse*, aussi long-temps que le respect humain est le seul motif qui la dirige, cependant les habitudes que nous acquérons dans l'enfance et l'adolescence, nous rendent plus faciles par la suite l'asservissement de nos passions à l'autorité de la raison et de la conscience.

224. Les considérations suivantes prouvent que le sentiment du devoir ne saurait se résoudre dans ce désir de gagner l'estime de nos semblables.

1° Il n'y a que la possession réelle des qualités pour lesquelles nous voulons être estimés, qui puisse véritablement satisfaire ce désir de l'estime.

2° La conviction que l'auteur d'une action vertueuse n'a point cherché les applaudissemens du monde, en rehausse toujours le mérite dans l'opinion des hommes.

3° Quand le respect humain et le sentiment du devoir se trouvent en opposition, si nous sacrifions celui-ci, nous sentons naître en nous le remords et la désapprobation morale; les applaudissemens de la multitude ne nous semblent alors qu'une vaine et imparfaite satisfaction. Tandis qu'un ferme attachement au devoir ne manque jamais d'être à lui-même sa propre récompense, nous exposât-il à voir nos intentions calomniées et nos actions mal interprétées.

II.

De la sympathie.

225. C'est un plaisir exquis pour nous de voir les autres hommes sympathiser avec nos joies et nos chagrins, nos opinions, nos goûts et nos humeurs : ce fait n'échappe point à l'observation la plus commune. Un autre non moins évident, c'est que nous nous sentons du penchant à nous accommoder aux sentimens de nos compagnons

toutes les fois que nous éprouvons pour eux quelque bienveillance, et d'autant plus, que cette bienveillance est plus tendre. Il semblerait donc que la sympathie est entée sur la bienveillance; et peut-être une analyse attentive découvrirait-elle, que la plus grande partie des plaisirs qu'elle donne se résout effectivement dans ceux qui dérivent de la bonté, et de la conscience d'être aimé.

226. Le mot *sympathie* s'applique dans un sens plus étendu et plus populaire à différens phénomènes de l'économie animale; par exemple, à la correspondance qui se montre entre les mouvemens des yeux, et à cette autre qui se manifeste, sous le rapport de la santé ou de la maladie, entre divers organes du corps. On l'applique aussi à ces affections contagieuses qui se communiquent d'une personne à une autre, telles que le bâillement, le bégaiement et les désordres hystériques.

227. Il y a certainement entre tous ces cas un certain degré d'analogie qui suffit pour expliquer comment l'usage les a compris sous une désignation commune; mais partout où la précision philosophique est de rigueur, il y a beaucoup à distinguer. Aussi ne peut-on se dispenser, lorsqu'on introduit ce mot vague et équivoque dans une discussion scientifique, de limi-

ter par une exacte définition le sens dans lequel on l'entend.

228. Les faits généralement attribués à la sympathie ont paru à Smith si importans et si curieusement enchaînés, qu'il s'est laissé séduire à l'idée d'expliquer par ce seul principe tous les phénomènes de la perception morale.

229. L'abondant mélange de vérités que son ingénieuse théorie contient, et la lumière qu'elle répand sur une partie de notre constitution jusque-là peu remarquée, placent son auteur au premier rang des moralistes systématiques. Mais un examen sérieux du sujet prouve que Smith, comme tant d'autres écrivains éminens, s'est laissé prendre à un amour excessif de la simplicité et qu'il a confondu un principe subordonné de notre nature, un principe qui n'est dans notre constitution morale qu'un élément auxiliaire, avec la faculté même qui distingue le juste de l'injuste, et qui, sous quelque nom qu'on la désigne, se reproduit constamment dans toutes les recherches morales comme un fait primitif et irréductible de la nature humaine.

III.

Du sentiment du ridicule.

230. Le ridicule a pour objet propre et naturel, ces légères bizarreries dans le caractère et les manières, qui ne soulèvent point l'indignation morale, et ne jettent point l'âme dans cette mélancolie qu'inspire la dépravation humaine.

231. En même temps que ce principe de notre constitution ajoute à nos plaisirs, en tournant au profit de notre amusement les moins importantes des imperfections de nos semblables, il nous excite à corriger en nous-mêmes tous les défauts qui pourraient nous rendre à notre tour ridicules à leurs yeux. Et comme notre empressement à le faire serait faible, s'il était proportionné au peu d'importance de ces défauts sous le point de vue moral, tel est l'empire qui lui a été donné dans notre constitution, que nous le supportons souvent avec plus d'impatience que le ressentiment ou la haine.

232. Bien que le sentiment du ridicule se rattache d'une manière évidente à l'état d'imperfection auquel nous sommes condamnés, il n'en est pas moins un des caractères les plus remarquables de la constitution humaine et un de ceux qui contribuent à la distinguer de celle

des bêtes. Des rapports intimes l'unissent aux principes les plus élevés et les plus nobles de notre nature, et rien ne mérite plus d'attention dans l'éducation de la jeunesse, que le soin de le régler dans de justes bornes.

IV.

Du goût considéré dans son rapport avec la morale.

233. L'explication que nous avons donnée plus haut (§ 202, 203, 204) de ces expressions, *beauté morale*, *difformité morale*, suffit pour faire comprendre de quelle manière le caractère et les actions de nos semblables peuvent contribuer aux plaisirs du goût. Le parti qu'en tirent les poëtes est tout-à-fait semblable à l'usage qu'ils font des beautés de la nature extérieure.

234. Le goût qui a pour objet la beauté morale, comme celui qui a pour objet la beauté matérielle et les diverses productions des arts, ne se cultive et ne se développe que par l'usage. Aussi bien que l'autre, il est susceptible d'un faux raffinement, aussi funeste à notre propre bonheur qu'au bien de la société dont nous faisons partie.

235. Considéré comme principe d'action, un

goût moral cultivé nous met à l'abri de plusieurs vices, trop grossiers pour qu'il les supporte, et entretient l'âme dans des habitudes qui s'allient merveilleusement avec tout ce qu'il y a d'aimable, de généreux et d'élevé dans notre nature. Cependant, s'il n'est point accompagné d'un sentiment ferme du devoir, l'influence de la mode et d'autres associations fortuites d'idées tendant perpétuellement à l'égarer, il ne saurait guère manquer de devenir un guide trompeur. Les hommes dont les plaisirs du goût sont l'affaire principale, et qui sont conduits par leurs habitudes à ne pas chercher plus haut que dans les usages du monde leur règle de jugement, offrent une preuve bien remarquable de cette vérité.

236. Le langage employé par quelques philosophes grecs, dans leurs spéculations sur la nature de la vertu, pourrait faire penser, au premier coup d'œil, qu'ils ne voyaient pas de difficulté à réduire la faculté morale dans le sentiment du beau. A leur exemple, Shaftesbury et quelques autres moralistes ont adopté une phraséologie qui a l'air de substituer, dans les distinctions morales, l'arbitrage du goût à la souveraineté de la conscience et de la raison.

237. Chacun de ces quatre principes produit

de funestes conséquences, s'il vient à prévaloir dans le caractère, comme mobile suprême de nos actions. Mais lorsqu'ils gardent leur place légitime, et restent subordonnés à la faculté morale, ils tendent tout à la fois à fortifier les vertueuses habitudes et à les recommander à l'imitation, par l'influence d'un exemple aimable.

238. Une considération partielle du phénomène de la perception morale, dans ses rapports avec l'un ou l'autre de ces principes, a suggéré quelques-unes des théories les plus populaires sur l'origine de nos idées morales. D'autre part, une considération exclusive de la faculté morale, abstraction faite des principes destinés par la nature à lui servir d'auxiliaires, et qui, dans le fait, contribuent si puissamment au bon ordre de la société, a jeté quelques philosophes dans une autre extrémité, moins dangereuse sans doute dans sa tendance pratique, mais peut-être aussi moins propre à recommander les recherches morales à l'attention de ceux qui sont engagés dans les intérêts actifs de la vie.

SECTION VIII.

DU LIBRE ARBITRE DE L'HOMME.

239. Toutes les recherches précédentes, sur la constitution morale de l'homme, impliquent la supposition, qu'il a la liberté de choisir entre le bien et le mal, et que, s'il accomplit une action qu'il sait être injuste, il se rend à bon droit digne de punition. On ne saurait mettre en doute, que cette supposition s'accorde avec l'opinion commune de l'humanité.

240. Néanmoins, depuis les premiers âges, la certitude de cette croyance a été mise en question par un petit nombre d'esprits spéculatifs, qui n'ont voulu voir dans nos actions que des résultats nécessaires de notre constitution et des circonstances extérieures qui agissent sur elle. D'après leur système, ce que nous appelons *délits moraux* fait partie de notre destinée tout autant que les propriétés intellectuelles et corporelles que nous avons reçues de la nature. L'argument à l'appui de cette doctrine a été présenté sous différentes formes et fréquemment mis en avant, avec toute la confiance qu'une démonstration pourrait inspirer.

241. Parmi ceux qui ont adopté le langage

des *nécessitaires*, on doit cependant mettre une grande différence ; car quelques-uns, non-seulement admettent la réalité des distinctions morales, mais prétendent qu'elles ne sont concevables que dans leur hypothèse. Avec de tels hommes, le dogme de la nécessité peut être une opinion sans danger : nous soupçonnons même que la différence qui les sépare de leurs adversaires paraîtra plus apparente que réelle, quand on aura pris la peine de fixer le sens des mots ambigus et mal définis, employés de part et d'autre.

242. D'autres philosophes ont admis dans toute leur étendue, les conséquences généralement regardées comme des dépendances inséparables de ce système, ou, pour mieux dire, le système a été par eux proclamé, pour établir ces conséquences. Mis en avant sous cette forme, il offre à l'esprit humain le sujet de discussion le plus intéressant qui puisse l'occuper, et un de ceux, où nos opinions spéculatives ne peuvent guère manquer d'affecter matériellement et notre conduite et notre bonheur.

243. Le docteur Cudworth, qui écrivait vers la fin du XVIIe siècle, observe que le scepticisme qui fleurissait de son temps « se rattache à la « doctrine de la nécessité comme à sa racine « naturelle. » On s'apercevra sans doute que la

même remarque s'applique à la philosophie sceptique de notre âge.

244. Il suffit dans ces Esquisses, de marquer la place que la question semble naturellement occuper dans l'ordre des études morales. Des observations détachées ne répandraient qu'une faible lumière, sur une controverse industrieusement obscurcie par tout ce que le sophisme a de subtilités.

CHAPITRE II.

DES DIFFÉRENTES BRANCHES DU DEVOIR.

245. Les théories diverses proposées sur la nature et l'essence de la vertu, doivent principalement leur origine à l'espoir de rattacher toutes les branches du devoir à un seul principe d'action, tel que *l'amour de soi bien entendu*, la *bienveillance*, la *justice*, la *soumission à la volonté de Dieu*.

246. Afin d'éviter cette manière étroite d'envisager le sujet, enfantée par un amour déréglé des systèmes, nous prendrons pour base des recherches suivantes, une division qui s'est dans tous les temps recommandée d'elle-même au bon sens de l'esprit humain. Cette division est fondée sur les objets divers auxquels se rapporte le devoir, et qui sont : *Dieu, nos semblables*, et *nous-mêmes*.

SECTION I.

DES DEVOIRS ENVERS DIEU.

247. Nos devoirs envers Dieu (autant qu'ils sont accessibles aux lumières de la raison), de-

vant se déduire de nos rapports avec lui, comme auteur et maître du monde, un examen des principes de la religion naturelle forme l'introduction nécessaire de cette section. Une telle recherche étant d'ailleurs la conséquence raisonnable des impressions que produisent ses ouvrages sur tout esprit attentif et bien disposé, on peut la considérer elle-même, et comme un de nos devoirs envers lui, et comme l'expression d'une âme sincèrement dévouée à la vérité, et naturellement ouverte aux émotions les plus sublimes de gratitude et de bienveillance.

RECHERCHES PRÉLIMINAIRES SUR LES PRINCIPES DE LA RELIGION NATURELLE.

ARTICLE I.

De l'existence de Dieu.

248. On s'y est pris de deux manières pour démontrer l'existence de Dieu, et l'on distingue ordinairement ces deux méthodes par les dénominations d'*argumens à priori* et *à posteriori*: la première, partant de certaines propositions métaphysiques prises comme axiomes, et la seconde, s'appuyant sur cet ordre systématique et ces rapports des moyens à la fin, qui éclatent

dans la nature avec une évidence si complète.

249. Le Docteur Clarke a développé avec beaucoup de force et de talent l'argument *à priori* : la manière dont il le construit semble lui avoir été suggérée par ce passage des principes de Newton : *Eternus est et infinitus, omnipotens et omnisciens, id est durat ab æterno in æternum et adest ab infinito in infinitum. Non est æternitas et infinitas, sed æternus et infinitus : non est duratio et spatium, sed durat et adest. Durat semper, et adest ubique ; et existendo semper et ubique, durationem et spatium constituit.* Partant des mêmes principes, Clarke soutient « que l'es-
« pace et le temps ne sont que des conceptions
« abstraites d'une immensité et d'une éternité
« qui entrent de force dans notre croyance :
« et comme l'éternité et l'immensité ne sont
« point des substances, elles doivent être les
« attributs d'un être qui est nécessairement
« immense et éternel. » — « Ce sont là, dit le Docteur Reid, des spéculations d'hommes supérieurs; mais de savoir si elles sont aussi solides que sublimes, ou si l'on ne doit les prendre que pour des écarts de l'imagination humaine dans une région qui dépasse notre portée, c'est une question que je ne saurais décider. »

250. Sans mettre en doute la solidité de la démonstration de Clarke, on nous permettra

de dire que la preuve *à posteriori* est plus à la portée du commun des hommes et plus satisfaisante, même pour le philosophe. A coup sûr, dans des recherches pareilles, la présomption est grandement en faveur du mode de raisonnement le plus simple et le plus naturel : *Quidquid nos vel meliores vel beatiores facturum est, aut in aperto, aut in proximo, posuit natura.*

251. Cependant l'existence d'un Dieu ne paraît pas être une vérité intuitive. Pour être offerte à l'esprit dans toute sa force, l'intervention du raisonnement est nécessaire. Mais un pas le mène au but, et les prémisses d'où il part, appartiennent à cette classe de principes primitifs qui forment une partie essentielle de la constitution humaine. Ces prémisses sont au nombre de deux : 1° que toute chose qui commence d'exister a une cause; 2° qu'un ensemble de moyens, combinés pour une fin particulière, implique intelligence.

I. *De l'autorité de nos conclusions de l'effet à la cause, et de l'évidence d'un pouvoir actif dans l'univers.*

252. Nous avons observé (INTROD. 3) que notre connaissance du cours de la nature est tout entière le résultat de l'observation et de

l'expérience; et que, dans aucun cas, nous ne percevons entre deux événemens successifs, une connexion qui nous autorise à inférer nécessairement l'une de l'autre.

253. Hume a tiré de ce principe, généralement admis par les philosophes, une objection contre la preuve *à posteriori* de l'existence de Dieu. Après avoir prouvé que l'observation de deux événemens qui se succèdent ne peut nous donner l'idée de *connexion nécessaire*, il prend pour principe reconnu, que nous n'avons d'autre idée de *cause* et d'*effet* que celle de deux événemens invariablement unis dans leur succession; et il en conclut que nous n'avons aucune raison de penser, qu'un événement soit en réalité nécessairement dépendant d'un autre, ni que les changemens que nous observons dans l'univers impliquent l'action d'un pouvoir.

254. Pour saisir la liaison qui existe entre les prémisses de Hume et sa conclusion, il faut rappeler ici que, d'après son système, « nos *idées* ne sont que des copies de nos *impressions*, ou, en d'autres termes, qu'il nous est impossible de *penser une chose* que nous n'ayons pas auparavant *sentie* par nos sens externes ou notre conscience. » Ayant donc prouvé que les objets externes en apparaissant à nos sens ne nous donnent point l'idée de *pouvoir* ou de

connexion nécessaire, et que cette idée ne peut non plus provenir d'aucune *impression interne* (ou, ce qui revient au même, de la conscience des opérations de notre âme), il se croit autorisé à conclure que cette idée n'est point en nous. « Un événement, dit-il, se produit à la « suite d'un autre; mais entre eux, nous n'observons « jamais aucune dépendance; ils semblent « *juxtaposés*, mais *jamais unis*. Et comme l'idée « d'une chose qui n'apparaît jamais à nos sens « externes ni à notre conscience est impossible, « on peut, ce nous semble, en conclure rigou- « reusement que nous n'avons point l'idée de « *connexion* ou de *pouvoir*; et que ces mots sont « absolument vides de sens toutes les fois qu'on « les emploie ou dans les raisonnemens philo- « sophiques, ou dans le commerce ordinaire de « la vie. »

255. Devons-nous rejeter ainsi, comme parfaitement inintelligible, un mot qu'on retrouve dans toutes les langues, uniquement parce qu'il exprime une idée, dont l'origine n'a point d'explication dans un certain système philosophique? Ne serait-il pas bien plus raisonnable de soupçonner que le système n'est point assez complet, que d'admettre l'adoption par le genre humain tout entier d'un mot qui n'a point de sens?

256. Quant à la théorie de Hume sur l'ori-

gine des idées, il est d'autant moins nécessaire d'en faire l'objet d'une discussion spéciale, qu'elle coïncide dans les points principaux avec celle de Locke, contre laquelle nous avons présenté quelques objections qui paraissent sans réplique (§ 199). Ni l'une ni l'autre ne peuvent expliquer l'origine de ces notions simples qu'aucun sens ne reçoit immédiatement, que notre conscience ne trouve point en nous, mais que notre esprit forme nécessairement à mesure que nos facultés intellectuelles s'appliquent à leurs objets respectifs.

257. Ces observations très-claires, suffisent pour montrer qu'on n'a point le droit de révoquer en doute la réalité de notre idée de *pouvoir*, parce qu'on ne peut en rapporter l'origine à aucun de nos sens. La seule question est de savoir, si nous attachons au mot de *pouvoir* une autre idée que celle de *pure succession?* Or, les considérations suivantes, entre beaucoup d'autres, prouvent que la signification de ces deux expressions est entièrement différente.

1° Si l'idée de *cause* et d'*effet* ne différait point à nos yeux de celle de *pure succession*, il nous semblerait aussi absurde de séparer deux événemens que nous avons toujours vus réunis, que de supposer qu'un changement arrive sans cause. Cependant la première supposition se conçoit dans tous les cas; et nous pouvons prononcer avec certitude que la seconde est impossible.

2° L'expérience des rapports établis entre les événemens physiques, est une base trop étroite pour la croyance que tout changement doit avoir une cause. Hume a lui-même observé que *le vulgaire enferme toujours l'idée de contiguité de lieu dans celle de causation* ; c'est-à-dire qu'il ne conçoit pas que la matière produise d'effet autrement que par impulsion. Si donc tous les changemens que nous avons perçus, avaient été précédés par une impulsion visible, l'expérience aurait pu nous apprendre à conclure d'un changement observé à une impulsion préalable, ou, selon la notion de *cause* de Hume, d'un effet produit à une cause qui l'a produit. Mais, parmi les changemens que nous voyons, combien peu sont produits par une impulsion apparente? Et cependant, dans tous les cas de changement, sans exception, nous sommes irrésistiblement convaincus de l'action d'une cause. Comment, dans les principes de Hume, expliquerons-nous cette conviction pour les cas où rien n'annonce qu'une impulsion intervienne?

258. La question, cependant, recule encore, et l'on se demande comment nous acquérons l'idée de *causalité*, de *pouvoir*, ou d'*efficacité productive?* Mais si l'on admet les observations précédentes, ce problème est comparativement

de peu d'importance ; car les doutes qui peuvent s'élever sur ce point, laissent intacte la réalité de l'idée ou de la notion, et ne sauraient aboutir qu'à montrer l'imperfection de quelques systèmes philosophiques.

259. La solution la plus probable de la question paraît être, que l'idée de *causalité* ou de *pouvoir* accompagne nécessairement l'idée de *changement*, comme la sensation implique un être sentant, et la pensée un être qui pense. Le pouvoir de commencer le mouvement n'est pas moins un attribut de l'esprit que la sensibilité ou l'intelligence, et partout où commence un mouvement, l'action de l'esprit est pour nous une chose indubitable.

260. Avons-nous le droit d'en conclure que le pouvoir divin est constamment occupé à produire les phénomènes du monde matériel, et pouvons-nous supposer qu'une seule et même cause accomplisse cette multitude infinie d'effets qui se manifestent à chaque moment dans l'univers?

261. Plusieurs philosophes ont regardé cette conclusion comme trop absurde pour mériter un examen sérieux, et l'on a proposé pour l'éviter différentes hypothèses. Voici les plus importantes :

1° Les phénomènes de la nature sont le résultat de certains pouvoirs actifs inhérens à la matière et qui font partie de son essence. Cette doctrine a reçu le nom de *matérialisme*.

2° Ces phénomènes résultent de certains pouvoirs actifs communiqués à la matière au moment de la création.

3° Ils se produisent en vertu de lois générales établies par Dieu.

4° Il sont l'œuvre d'un agent vivant et spirituel, mais inintelligent, créé par Dieu pour l'exécution de ses desseins (*Cudworth*).

5° Ils sont produits par des âmes, unies aux particules matérielles.

6° L'univers est une machine construite et mise en mouvement par Dieu. Les effets sans nombre qui en émanent sont peut-être le résultat d'un seul acte de sa puissance.

262. Ces différentes hypothèses, qui prêtent toutes à des objections insurmontables et qu'un examen sévère ramènerait pour la plupart à des propositions inintelligibles et dénuées de sens, ont été adoptées par des esprits ingénieux, et préférées à la sublime et simple doctrine, qui rapporte à l'action perpétuelle d'un être suprême la conservation et le mouvement de l'univers créé par sa puissance; doctrine à laquelle on ne peut opposer que des préjugés, résultant de notre imperfection, et qui n'exclut point les

intermédiaires dont l'action divine peut accidentellement se servir pour exécuter ses desseins.

263. Assurément l'unité de Dieu ne résulte point des observations que nous avons faites jusqu'ici; mais, en leur donnant les développemens qu'elles méritent, elles paraîtront garantir suffisamment l'induction suivante : que les phénomènes de l'univers démontrent l'action constante d'un pouvoir qui ne saurait appartenir à la matière, ou, ce qui revient au même, l'action constante d'un être spirituel. Quant à savoir si ces phénomènes, comparés ensemble, portent les marques d'une diversité ou d'une unité de dessein, et annoncent le gouvernement d'un seul régulateur tout-puissant, ou de plusieurs divinités indépendantes, ce sont des recherches qui appartiennent à l'article suivant.

II. *De l'évidence d'un dessein manifesté dans l'ordre de l'univers.*

264. La preuve de l'existence de Dieu, tirée de l'ordre de l'univers, porte ordinairement le nom d'*argument des causes finales*. Nous n'admettons pas la propriété de cette expression, d'origine aristotélicienne; mais nous la conservons ici par respect pour l'usage.

265. Reid a judicieusement remarqué que l'argument des causes finales, réduit en syllogisme, contient deux propositions distinctes : *on peut légitimement remonter des effets au dessein dans lequel ils ont été produits* : c'est la majeure ; *il y a des apparences de dessein dans l'univers* : c'est la mineure. Les anciens sceptiques, ajoute-t-il, accordaient la majeure, mais niaient la mineure ; les modernes, par suite des découvertes faites dans les sciences naturelles, ont été forcés d'abandonner le terrain que leurs prédécesseurs avaient défendu, et ont disputé la vérité de la majeure.

266. Parmi ceux qui ont nié la possibilité de remonter au *dessein* par les *effets*, Hume est le plus éminent. Selon lui, toutes les inductions de cette espèce sont illégitimes, n'étant jamais ni démontrables par le raisonnement, ni susceptibles d'être déduites de l'expérience.

267. En examinant l'argument de Hume sur ce sujet, Reid admet que les inductions des *effets* au *dessein* ne dérivent ni du raisonnement ni de l'expérience ; et cependant il ne laisse pas de soutenir qu'on peut tirer ces sortes d'inductions avec une certitude qu'aucune autre certitude humaine ne surpasse. L'opinion que nous nous formons des talens de nos semblables, notre croyance qu'ils sont comme nous des êtres

intelligens, reposent sur cette induction des *effets* au *dessein* : ni *l'intelligence* ni le *dessein* ne sont perçus par nos sens; et cependant nous en jugeons sans cesse d'après la conduite et les actions; et notre confiance, en portant ces jugemens, est tout aussi complète qu'en affirmant l'existence des choses que nous percevons immédiatement.

268. D'autres philosophes ont attaqué la majeure de ce syllogisme par un argument un peu différent. Pour juger de la sagesse d'un *dessein*, il est nécessaire, observent-ils, de connaître d'abord quel fin l'auteur se propose, et d'examiner ensuite les moyens qu'il emploie pour l'atteindre. Or que savons-nous de l'univers, sinon que certaines choses sont accomplies? Pouvons-nous jamais les comparer avec un plan préalablement conçu? Une pierre lancée au hasard doit nécessairement frapper quelque part : lorsque nous voyons *l'effet* et que nous ignorons le *dessein*, avons-nous le droit de louer l'habileté du tireur?

269. Parmi beaucoup de considérations qui répondent à cette objection, les suivantes nous paraissent mériter une attention particulière.

1° Bien que d'un simple effet nous ne puissions conclure l'intelligence de la cause, cependant le cas est différent, lorsque nous voyons plusieurs causes conspirer à une même fin. Non-seulement alors nous percevons un effet produit, mais nous avons la conviction intime qu'il était l'effet voulu. Qu'une seule pierre frappe un objet, rien ne nous autorise à conclure que l'objet touché soit l'objet visé; mais que penserions-nous, si nous voyons le même objet invariablement atteint pour un grand nombre de pierres lancées successivement?

2° On peut citer beaucoup de cas où nous pouvons comparer la sagesse de la nature avec la fin qu'elle se propose. L'économie du corps humain nous en offre, surtout, plusieurs exemples remarquables. Lorsqu'un accident ou quelque indisposition portent atteinte à notre constitution, il est bien reconnu que le corps possède en lui-même la faculté d'alléger le mal ou d'y remédier. Dans des cas pareils, nous ne voyons pas seulement un effet produit; nous voyons de plus l'action des causes naturelles dirigée vers une fin particulière, le rétablissement du système animal.

3° Il y a des cas, particulièrement dans l'économie animale, où l'accomplissement du même effet s'opère selon les circonstances par des moyens très-différens; en sorte que nous pouvons facilement comparer la sagesse de la nature avec la fin qu'elle se propose. « L'art et
« les moyens, dit Baxter, semblent multipliés
« à dessein, afin que nous ne puissions prendre

« ce qui arrive pour l'effet du hasard : et dans
« quelques cas, la méthode elle-même varie, afin
« que nous ne puissions l'attribuer à une aveu-
« gle nécessité. » L'anatomie comparée présente
nombre de faits à l'appui de cette doctrine. En
observant l'effet produit par tel organe dans
un animal, peut-être ne serions-nous pas au-
torisés à conclure que l'organe a été fait pour
l'accomplir; mais lorsque, dans différentes espèces d'animaux, nous voyons le même effet produit par des moyens tout autres, nous ne pouvons douter que tel a été, dans tous les cas,
l'effet voulu par la nature. Ce n'est pas tout : en
comparant l'anatomie des différentes espèces
d'animaux, nous trouvons que les diversités
qu'offre leur conformation se rapportent à la
manière de vivre à laquelle ils sont destinés, au
point que si l'on connaît leurs habitudes, on
peut *à priori* en induire la structure de leur
corps.

270. Il suit des remarques précédentes que
l'on peut remonter légitimement des *effets* au
dessein; et de plus, qu'en examinant dans les
différentes parties de l'univers les moyens employés pour l'accomplissement des phénomènes
qu'il manifeste, partout on peut trouver, et
l'on trouve en effet, des traces de *dessein*. Reste
à présent une autre recherche, encore plus importante, qui consiste à étudier les caractères

de ce *dessein* déployé dans l'univers, afin de découvrir quel degré de sagesse il annonce, et s'il porte ou ne porte pas les marques de l'unité. La première partie de cette recherche tend à nous donner une plus haute idée de l'être suprême; la seconde est nécessaire à la démonstration de son unité.

271. L'étude de la philosophie, soit qu'elle prenne pour objet la nature ou l'homme, jette à chaque pas de nouvelles lumières sur les recherches dont il s'agit. Chaque découverte qui ajoute à la somme des connaissances humaines, répand une nouvelle évidence sur les vérités de la religion naturelle. Aussi chez les hommes qui se dévouent avec candeur et sincérité à l'avancement de la science, la conviction marche de front avec la lumière et grandit avec les vues. Et de là s'élève une présomption consolante : c'est que l'influence que ces vérités exercent déjà sur la multitude, dans l'état actuel de la société, croîtra continuellement à mesure que la philosophie mettra dans un plus grand jour l'ordre de l'univers matériel, et que le développement des destinées de notre espèce fera mieux connaître le plan de la Providence, dans l'administration des affaires humaines.

272. En étudiant l'univers dans le but d'y trouver des preuves de la sagesse et de l'u-

nité de Dieu, on éprouve une satisfaction particulière à suivre les rapports qu'ont entre elles ses différentes parties, et à remarquer comment des choses en apparence désunies et même éloignées, concourent à l'accomplissement d'un même dessein bienveillant. Les points suivans pourront fournir sur ce sujet matière à la réflexion.

1° L'appropriation de la conformation organique et des instincts des animaux, aux lois du monde matériel; des organes de la *respiration*, par exemple, et de l'instinct de *succion*, aux propriétés de l'atmosphère; du *momentum* de lumière, à la sensibilité de la rétine; de la construction de l'œil, aux lois de la réfraction; du volume et de la force des animaux et des végétaux, aux lois de la gravitation et de la cohésion.

2° L'appropriation de la conformation et des instincts des animaux, aux climats et aux zônes de température sous lesquels ils doivent vivre.

3° Les rapports entre certains animaux et certains végétaux. Ceux-ci fournissent aux premiers une nourriture salutaire dans leur état de santé, et des remèdes utiles lorsqu'ils sont malades.

4° Le rapport, découvert par la chimie moderne, entre les procédés de la nature dans les règnes animal et végétal.

5° Les rapports qu'ont entre elles les différentes espèces d'animaux, l'une étant la proie naturelle de l'autre, et chacune ayant ses armes offensives et défensives.

6° Les rapports qui se manifestent entre l'instinct périodique de migration des espèces voyageuses, et la marche des saisons ainsi que les productions de différentes parties du globe très-éloignées.

273. Mais rien n'est plus frappant, sous ce point de vue, que les rapports qui existent entre la nature de l'homme et les circonstances extérieures au sein desquelles il est placé. L'examen de ses facultés perceptives et de ses pouvoirs intellectuels, dans leur concordance avec la structure et les lois du monde matériel, offre, par exemple, le sujet le plus curieux et le plus étendu aux spéculations philosophiques.

274. Ce qui n'est pas moins digne d'admiration, c'est de voir comment les objets qui l'environnent sont appropriés à ses appétits, à ses besoins physiques, à ses manières de jouir. Sur ce point, les précautions prises à notre égard surpassent infiniment tout ce que nous observons d'analogue à l'égard des animaux, et la différence est assez frappante pour nous autoriser à conclure que notre bonheur et notre perfectionnement ont été l'objet principal de l'arrangement de ce monde.

275. Une autre vue de la nature qui ne contribue pas moins à faire ressortir cette unité de dessein qui est la base de notre croyance à l'unité de Dieu, ce sont les analogies que nous pouvons remarquer entre les parties de l'univers qui tombent sous notre observation. On en découvrira de bien frappantes si l'on soumet à un examen comparatif, 1° les conformations organiques de diverses espèces d'animaux; 2° les règnes animal et végétal; et 3° les différentes lois qui règlent les phénomènes du monde matériel.

276. Il est agréable de penser que les recherches philosophiques, partout où elles ont pénétré, ont retrouvé le monde soumis à l'uniformité régulière du même plan. En général les anciens supposaient qu'il n'y a rien de commun entre les lois qui gouvernent les phénomènes célestes et celles que nous observons dans le cercle de notre expérience. Les découvertes modernes ont montré combien ils s'étaient mépris, et ce fut sans doute la présomption que leurs idées sur ce point pouvaient n'être pas justes, qui conduisit à la théorie de la gravitation. Toutes les découvertes subséquentes ont confirmé cette conjecture.

277. Ce ne sont pas seulement les lois les plus générales des corps terrestres qui étendent

leur empire jusqu'aux parties les plus éloignées de l'univers. Il y a lieu de soupçonner que l'arrangement des détails à la surface des planètes est à peu près le même qu'ici-bas.

278. Malgré l'intérêt qui s'attache aux spéculations physiques, on trouve plus de plaisir encore à démêler l'uniformité de dessein déployé dans le monde moral; soit que rapprochant les instincts des hommes de ceux des bêtes, et les instincts des diverses espèces d'animaux les uns des autres, on s'attache à saisir parmi cette étonnante variété de moyens employés à l'accomplissement d'un même but, l'analogie qui leur imprime un caractère commun; soit que, retrouvant dans l'âme des différens individus de notre espèce l'influence des mêmes affections et des mêmes passions, on suive l'uniformité de leurs effets chez les hommes de tous les rangs et de tous les pays. Et de là le charme singulier qui s'attache à ce qu'on appelle la *nature* dans les compositions épiques et dramatiques, alors que le poëte parle un langage qui trouve un écho dans tous les cœurs, et fait entendre des accens qui percent à travers les préjugés de l'éducation et de la mode, et rappellent aux lecteurs ou aux spectateurs de toutes les classes, l'existence de ces liens moraux qui unissent chaque homme à son semblable, et tous ensemble à leur commun créateur.

279. Avant d'abandonner ce sujet il est bon de faire une remarque : c'est qu'on ne doit pas considérer les raisonnemens métaphysiques que nous avons employés pour l'éclaircir, comme faisant partie de l'argument qui prouve l'existence de Dieu. Cet argument, comme nous l'avons d'abord annoncé, est la conséquence immédiate des deux principes que nous avons posés en débutant. Les explications qui ont suivi n'avaient point pour objet de confirmer la vérité de la proposition, mais de combattre les arguties que le scepticisme a dirigées contre elle.

280. Mais le raisonnement et la réflexion sont nécessaires pour élever notre esprit à la notion sublime des attributs divins et le guérir des préjugés, qu'élèvent en lui des vues limitées et fausses de la nature. Tant que l'attention humaine s'attache à des apparences isolées et partielles, le polythéisme s'offre à elle comme la croyance la plus vraisemblable : ce n'est que lentement et par degré que la philosophie entr'ouvre ces magnifiques perspectives de l'univers, au sein desquelles les événemens physiques et moraux enchaînés se manifestent à nous comme les élémens d'un seul système et les moyens d'un même plan.

---

281. Les objections sceptiques dont nous avons parlé ne sont pas les seules qu'on ait proposées

contre la spéculation des causes finales : d'autres ont été faites dans des vues très-différentes. Descartes, en particulier, regardant l'existence de Dieu comme suffisamment établie par d'autres preuves, la considérait comme une tentative non moins absurde qu'impie, de pénétrer dans les desseins de la Providence, et la bannissait entièrement des recherches philosophiques. On trouve dans les ouvrages de Maupertuis et de Buffon quelques observations à peu près dans le même sens. Boyle, dans un essai spécial sur ce sujet, a répondu d'une manière satisfaisante à cette classe d'objections.

282. A l'appui de cette opinion des philosophes français, on a fréquemment cité l'autorité de Bacon ; mais un examen attentif de ses écrits montrerait que les critiques dirigées par lui contre Aristote et ses sectateurs relativement à leurs conjectures sur les fins et les intentions de la nature, n'attaquent pas la doctrine elle-même, mais simplement l'abus qu'on en faisait dans l'école péripatétique. Selon lui, c'est une question qui n'appartient pas à la philosophie naturelle, mais à la métaphysique ou à la théologie, et qui ne contribua pas peu à égarer les péripatéticiens dans leurs recherches physiques. Dans un ouvrage qui avait pour but d'expliquer la vraie méthode d'investigation philosophique, il était nécessaire de faire ressortir l'absurdité

de la confusion des causes physiques et des causes finales, et l'erreur que l'on commettait, en substituant des conjectures sur les desseins de la nature, à une exposition de ses opérations. Peut-être même était-il sage d'appuyer sur la nécessité de bannir entièrement du domaine de la physique de pareilles spéculations, dans un temps où les véritables règles de la méthode étaient si imparfaitement comprises. Mais que Bacon ait voulu condamner la spéculation des causes finales, renfermée dans ses véritables limites et appliquée à son objet propre, c'est une erreur non moins victorieusement démentie par une foule de passages particuliers de ses écrits, que par leur caractère et leur tendance générale.

283. A présent que la vraie méthode de philosopher en physique est assez généralement comprise, il nous semble moins nécessaire de bannir les causes finales de cette branche de la science; pourvu toujours qu'on les distingue des causes physiques avec lesquelles il n'y a plus guère de danger qu'on les confonde imprudemment. Moyennant cette précaution, la considération des causes finales, loin d'égarer, peut fréquemment servir à diriger nos recherches. C'est au fait, une manière de raisonner familière à tout philosophe, quelle que soit son opinion spéculative sur la religion naturelle. Ainsi, dans l'étude de l'anatomie, on

procède toujours d'après cette maxime, que rien dans le corps d'un animal n'a été fait en vain ; et lorsqu'on trouve une partie dont l'usage n'est point évident, on n'est point satisfait qu'on n'ait découvert, au moins en partie, le but auquel elle est destinée. « Je me rappelle, « dit Boyle, que lorsque je demandai à notre « fameux Harvey comment il avait été conduit « à l'idée de la circulation du sang, il me ré- « pondit que quand il s'aperçut que les val- « vules de tant de veines étaient placées de ma- « nière à laisser un libre passage au sang vers le « cœur tandis qu'elles lui fermaient tout accès « dans la direction contraire, il ne put croire que « la nature, si pleine de providence eût placé là « tant de valvules sans dessein ; or puisque le « sang ne pouvait, à cause de l'interposition des « valvules, être envoyé aux membres par les « veines rien ne paraissait plus raisonnable que « de supposer qu'il était envoyé aux membres « par les artères et revenait par les veines dont « les valvules ne mettaient plus alors d'empêche- « ment à son cours. »

284. Une exposition des avantages et des abus possibles, attachés aux spéculations concernant les causes finales, est encore un *desideratum* dans la science, et formerait une importante addition à cette branche de la logique qui a pour but d'établir les règles de l'investigation philosophique.

ARTICLE II.

Des attributs moraux de Dieu.

285. Les observations précédentes, qui renferment en substance les principaux argumens en faveur de l'existence de Dieu, démontrent en même temps son unité, sa puissance et sa sagesse. On peut dire avec vérité de ces deux derniers attributs, qu'ils sont infinis, c'est-à-dire que notre imagination ne peut leur donner de bornes, et que la conception que nous en avons s'élève toujours, à mesure que nos facultés reçoivent plus de culture et que notre connaissance acquiert un développement plus étendu. Ceux qui ont écrit sur la religion naturelle donnent ordinairement une énumération des attributs de Dieu, qu'ils divisent en *naturels*, *intellectuels* et *moraux*, et dont ils traitent longuement et d'une manière systématique. Nous ne pouvons adopter ici cette façon d'envisager le sujet, quels que puissent être ses avantages. Les remarques suivantes se renferment dans la démonstration de la *bonté* et de la *justice* de Dieu, attributs qui constituent sa perfection morale, et le rendent l'objet propre du culte religieux.

I. *De l'évidence d'un dessein bienveillant dans l'ordre de l'univers.*

286. Nos idées sur les attributs moraux de Dieu ne peuvent dériver que de nos perceptions morales. C'est par elles seules que nous concevons ces attributs; et c'est en elles que nous puisons les plus fortes preuves qu'il en est doué.

287. Le sentiment particulier d'approbation avec lequel nous envisageons la bienfaisance chez les autres, la satisfaction avec laquelle nous réfléchissons sur celles de nos actions qui ont contribué au bonheur de nos semblables, enfin le plaisir délicieux qui accompagne le développement de toutes les affections bienveillantes, nous conduisent à regarder la *bonté* comme le suprême attribut de Dieu. Et certes, il serait difficile de comprendre par quel autre motif, un être complètement heureux en lui-même aurait pu se déterminer à appeler d'autres êtres à l'existence.

288. Ainsi, préalablement à toute considération du bien et du mal réels, nous avons une ferme présomption de la bonté de Dieu. Et ce n'est qu'après avoir établi *à priori* cette présomption que nous pouvons avec sécurité pro-

céder à l'examen du fait. Il est vrai qu'indépendamment de cette présomption les désordres que nous voyons dans le monde ne prouveraient point une intention méchante dans son auteur : car il resterait possible que ces désordres mêmes contribuassent au bonheur et à la perfection de l'ensemble. Mais l'hypothèse contraire serait tout aussi vraisemblable, et l'on pourrait également supposer qu'il n'y a rien d'absolument bon dans l'univers, et que la communication de la souffrance est la fin dernière des lois qui le gouvernent.

289. L'argument en faveur de la bonté de Dieu, tiré de notre constitution morale et fortifié de la considération que nous ignorons les plans de la Providence, fournit une réponse à toutes les objections contre cet attribut de la Divinité. Et la réponse est concluante dans tout état de chose, et quelle que puisse être la grandeur des maux dont nous nous plaignons.

290. Mais, bien que cette réponse suffise pour faire taire nos objections, un sujet d'une si grande importance exige quelque chose de plus qui soutienne notre foi et anime nos espérances. Si l'on ne pouvait rendre raison des maux de la vie qu'en supposant qu'ils sont utiles à l'ensemble ; si, de plus, il paraissait que les peines, ici bas, surpassent les jouissances, il

serait difficile qu'aucun raisonnement spéculatif parvînt à bannir les mélancoliques suggestions du scepticisme. Nous sommes donc naturellement conduits d'abord à rechercher quelques éclaircissemens sur l'origine du mal dans l'étude des faits qui nous sont connus; ensuite à comparer entre eux le bien et le mal qu'offre ce monde.

291. La question de l'origine du mal a, dès les premiers âges, exercé la sagacité des philosophes. Plusieurs systèmes ont été proposés pour résoudre la difficulté. Les suivans sont les plus célèbres :

1° La doctrine de la Préexistence;
2° La doctrine des Manichéens;
3° La doctrine de l'Optimisme.

292. Selon la première hypothèse, les maux que nous souffrons à présent sont la punition et l'expiation de délits moraux commis par nous dans une vie précédente. Cette hypothèse (sans parler d'aucune autre objection) ne fait évidemment que mettre hors de vue la difficulté, sans en donner la moindre explication.

293. Les Manichéens rendent compte du mélange de biens et de maux, qu'on remarque en ce monde, par l'action opposée de deux principes coéternels et indépendans. Plusieurs au-

teurs ont examiné cette doctrine et l'ont réfutée par des raisonnemens *à priori*. Mais, de toutes les réfutations, son incompatibilité avec l'unité de dessein qui éclate dans l'univers est la meilleure.

294. Le principe fondamental des Optimistes est que tous les événemens sont ordonnés pour le mieux, et que tous les maux que nous éprouvons font partie d'un grand système réalisé par un pouvoir tout-puissant sous la direction d'une sagesse et d'une bonté infinies.

295. Sous ce titre général sont néanmoins comprises deux classes très-différentes de philosophes, ceux qui admettent et ceux qui nient la liberté des actions humaines. Les premiers se bornent à soutenir que toute chose est bien en tant qu'elle est l'ouvrage de Dieu, et s'efforcent de montrer que la création d'êtres libres et par conséquent susceptibles de malfaire, d'une part, et le gouvernement du monde par des lois générales d'où doivent résulter des maux accidentels, de l'autre, ne fournissent point une objection solide contre la perfection de l'univers. Mais, en même temps, ils maintiennent, que quoique la permission du mal moral n'ôte rien à la bonté de Dieu, ce mal est imputable à l'homme qui l'accomplit et le rend justement digne de punition. Ce fut le système de Platon et des

meilleurs philosophes de l'antiquité dont la doctrine, sous beaucoup de rapports, pouvait parfaitement s'accommoder avec la liberté de vouloir et d'agir.

296. Mais quelques auteurs modernes ont proposé le dogme de l'Optimisme sous une forme inconciliable avec cette liberté, et qui conduit à justifier le mal moral jusque dans le coupable qui le commet.

297. Il est très-important de remarquer la différence qui sépare ces deux systèmes; car les sceptiques ne manquent pas de les confondre à dessein et d'étendre à tous les deux le ridicule qui s'attache avec justice au dernier. On trouvera dans les observations suivantes le fond des raisonnemens développés à l'appui de l'Optimisme platonicien.

298. On peut réduire à deux classes les divers sujets des plaintes humaines, celle des *maux physiques* et celle des *maux moraux*. La dernière comprend tous ceux qui dérivent de l'abus de la liberté, l'autre ceux qui résultent des lois de la nature, et que nos efforts ne peuvent prévenir.

299. Selon la définition du mal moral, la question de savoir comment Dieu l'a permis se ra-

mène à celle-ci : Pourquoi l'homme a-t-il été fait libre? Question à laquelle suffit, ce nous semble, l'une ou l'autre de ces réponses : Ou bien, que l'objet de Dieu dans le gouvernement de ce monde n'est pas uniquement peut-être de donner le bonheur, mais de former ses créatures à l'excellence morale; ou bien, que la jouissance des degrés supérieurs du bonheur peut exiger l'acquisition préalable des habitudes vertueuses.

300. Dans cette supposition, les souffrances qu'entraîne le vice ne prouvent pas moins la bonté de Dieu que le bonheur donné par la vertu.

301. Ces observations justifient la Providence d'avoir permis le mal moral, aussi-bien qu'une foule d'autres maux que nos plaintes ont coutume de ranger parmi les maux physiques. Combien n'en est-il pas effectivement qui sont la conséquence évidente de nos vices et de nos préjugés, et qui, loin d'entrer comme partie intégrante dans l'ordre de la nature, semblent destinés à agir dans le progrès du développement de l'humanité, comme un remède graduel contre les causes qui les produisent.

302. Quelques-unes de nos autres plaintes sur la destinée humaine paraîtront, quand on les examinera, prendre leur source dans des vues

incomplètes de la constitution de l'homme et dans les fausses idées que nous nous formons sur les circonstances qui constituent son bonheur ou contribuent à son perfectionnement.

303. Et cependant la liste de nos maux n'est point épuisée : il en reste encore auxquels les explications précédentes ne sauraient s'appliquer. Tels sont ceux qui proviennent de ce que l'on appelle communément les *accidens de la vie*. Si parfait que fût un état social, il ne pourrait y échapper, et s'ils servent à quelque bonne fin, au moins n'est-ce pas dans la sphère de notre connaissance.

304. L'origine de cette classe de maux physiques doit se rapporter aux lois générales qui paraissent diriger le gouvernement de Dieu. Toujours on trouvera la tendance de ces lois favorable à l'ordre et au bonheur, et la philosophie n'a pas de plus noble attribution que de chercher à découvrir les desseins bienveillans auxquels elles conspirent. Mais toutefois, dans un monde ainsi gouverné et dont les habitans sont libres, quelques inconvéniens et quelques malheurs sont inévitables.

305. Cependant de bons effets résultent de cette influence *du temps et du hasard* sur les affaires humaines. La vertu devient désinté-

ressée et les caractères se déploient plus complétement.

306. Plusieurs de nos qualités morales tiennent à des habitudes qui impliquent le mal physique. La patience, le courage, l'humanité, supposent une vie semée de souffrances à subir soi-même ou à consoler chez les autres.

307. C'est ainsi qu'il devient manifeste que, non-seulement les maux particuliers *peuvent être bons* relativement à l'ensemble, mais qu'ils *le sont réellement* même dans cette faible partie de l'ensemble que nous voyons.

308. Les observations que nous venons de faire en faveur de la bonté de Dieu prendront une nouvelle force, si nous montrons que, dans la vie humaine, la somme du bien surpasse de beaucoup celle du mal.

309. Plusieurs écrivains qui ne partageaient point cette opinion, ont allégué contre elle la prédominance du mal moral sur le bien dans la nature de l'homme. Pour démontrer cette prédominance, ils ont évoqué cette multitude de crimes qui souillent l'histoire des temps passés.

310. Quand bien même nous accorderions la réalité de ce fait, il n'aurait aucune force contre

nos raisonnemens précédens ; car le mal moral n'est imputable qu'à celui qui le commet. Mais nous n'avons pas besoin de cette réponse évasive. Quelle que soit la corruption de l'humanité, la partie de leur vie que les hommes donnent au vice est bien faible, si on la compare à la vie tout entière. L'histoire elle-même en est une preuve. Les événemens qu'elle rapporte sont ceux-là surtout qui, par leur singularité, peuvent exciter la curiosité et intéresser les passions du lecteur. D'ailleurs, si dans l'appréciation de la dépravation des hommes, on prend pour base leurs actions, on se trompe et on leur fait tort. La justice exige qu'on fasse une large part aux opinions erronées, aux fausses idées sur les faits, aux préjugés engendrés par les mœurs dominantes, et aux habitudes insensiblement contractées dans les premières années de la vie.

311. Quant à la balance du bien et du mal physique, la supériorité du bien est encore plus évidente, s'il est vrai, comme nous l'avons reconnu (§ 304), que dans leur tendance générale les lois du monde matériel sont bienfaisantes, tandis que les inconvéniens qui en dérivent ne sont qu'accidentels.

312. Et même, parmi ces maux accidentels, combien n'en est-il pas qu'on doit attribuer aux

obstacles que les institutions humaines opposent à l'ordre naturel? Quelque vaines que puissent être les spéculations des philosophes au sujet d'une législation parfaite, elles ont au moins cela d'utile, qu'elles font sentir la sagesse et la bonté du gouvernement de Dieu.

313. Et ce n'est point seulement dans les lois qui garantissent aux hommes la satisfaction de leurs besoins les plus impérieux qu'on retrouve une intention bienveillante. Quelle riche provision de bonheur, ménagée pour nous dans les plaisirs de l'intelligence, de l'imagination et du cœur! et combien peu ces plaisirs dépendent du caprice de la fortune! L'appropriation des organes de nos sens au théâtre sur lequel nous sommes appelés à vivre est encore plus admirable. Quelle harmonie que celle de l'odorat et des parfums du monde végétal; que celle du goût et de cette profusion d'alimens délicieux que lui offrent à l'envi la terre, l'air et les eaux; que celle de l'oreille et des chants mélodieux des oiseaux; que celle de l'œil et des beautés sans nombre et des splendeurs infinies de la création visible!

314. Parmi ces marques de bienveillance dans l'organisation de l'homme, il en est une qui ne doit pas être omise : c'est le pouvoir de l'habitude. Son influence est si grande, qu'il est diffi-

cile d'imaginer une situation avec laquelle elle ne puisse peu à peu réconcilier nos désirs, et dans laquelle même, à la fin, nous ne parvenions pas à trouver plus de bonheur que dans celles que la multitude envie. Ce pouvoir de s'accommoder aux circonstances est comme un remède mis en réserve dans notre constitution, contre la plupart des maux accidentels que l'action des lois générales peut causer.

315. En appréciant les sentimens des personnes qui sont placées dans des situations très-différentes de la nôtre, nous tenons rarement assez de compte des effets de l'habitude : et c'est ce qui fait que nos estimations du bonheur de la vie restent si fort en-deçà de la vérité.

II. *De l'évidence du gouvernement moral de Dieu.*

316. Nous l'avons déjà remarqué (§ 286), nos premières notions des attributs moraux de Dieu dérivent de nos perceptions morales; et c'est par elles que nous obtenons la démonstration la plus directe qu'il les possède réellement.

317. Notre esprit, comme nous l'avons observé (§ 200), conçoit, entre le juste et l'injuste, une distinction tout aussi éternelle, tout

aussi immuable qu'entre le vrai et le faux mathématiques. Quand donc nous nous servons de nos jugemens moraux pour apprécier l'administration de Dieu, on n'a pas le droit de censurer cette induction, ni de prétendre que nous étendons illégitimement à la nature divine les principes arbitraires de notre constitution.

318. Entre les facultés qui nous élèvent au-dessus des bêtes, celle de concevoir cette distinction est une des plus remarquables; le sentiment d'obligation qui l'accompagne s'annonce avec une prééminence qui le distingue de tous nos autres principes d'action (§ 213). Soumettre notre conduite à ses prescriptions est évidemment le plus haut degré d'excellence que notre nature puisse atteindre, et nous sommes forcés d'étendre à tous les êtres intelligens la même règle d'appréciation morale.

319. Outre ces inductions que paraît impliquer notre perception des distinctions morales, d'autres, parfaitement concordantes, s'emparent sans cesse de notre esprit dans l'application de nos jugemens moraux, soit à notre conduite, soit à celle des autres. La déférence que nous sentons être due aux avertissemens de la conscience, le sentiment de mérite et de démérite qui accompagne nos bonnes et nos mauvaises actions, le vif intérêt que nous prenons au bon-

heur des hommes vertueux, l'indignation que nous font éprouver les triomphes accidentels du crime heureux, tout, en nous, implique une secrète conviction de l'administration morale de l'univers.

320. Un examen du cours ordinaire des affaires humaines ajoute à la force de ces considérations, et démontre en fait, que malgré la distribution, en apparence aveugle, du bonheur et du malheur dans la vie, la récompense de la vertu et la punition du vice sont le grand objet de toutes les lois générales qui gouvernent le monde. Et en même temps, lorsque nous appliquons notre sentiment de mérite et de démérite aux désordres qui, dans un monde comme le nôtre, ne peuvent manquer de naître parfois, nous sentons s'élever en nous la présomption que le gouvernement moral que nous voyons commencer ici bas, recevra, dans un état futur, son plein et entier développement.

ARTICLE III.

D'un état futur.

321. La contemplation des attributs de Dieu appelle naturellement notre pensée vers la suite de ce plan d'administration morale, qui ressort avec tant d'évidence du sein même des désordres

apparens de la condition présente, et qui, si nous en croyons notre constitution morale et les perfections divines, se développera plus complétement sur quelque nouveau théâtre réservé à la nature humaine. Tout système de croyances religieuses paraît impliquer presque nécessairement la doctrine d'une autre vie : car, pourquoi serions-nous capables d'élever à Dieu nos pensées, si nos espérances ne devaient point franchir les limites de ce monde, et pourquoi ces facultés puissantes qui s'élancent à travers l'infinité de l'espace et du temps, si notre destinée devait être la même que celle des animaux qui périssent tout entiers ? Mais, si toute religion implique de cette manière la doctrine d'un état futur, cette doctrine elle-même n'implique point aussi nécessairement les vérités religieuses : même l'athéisme absolu ne ruine pas toutes les preuves de l'immortalité de l'âme ; car c'est un fait que des lois générales gouvernent les affaires humaines, et que, même en ce monde, nous apercevons entre la vertu et le bonheur une connexion manifeste. Soit qu'on veuille reconnaître dans ce fait l'œuvre d'une intelligence souveraine, soit qu'on s'y refuse, aucun homme n'en peut nier la réalité. Or, pourquoi la nécessité ne prolongerait-elle pas une existence qui lui doit son origine? et pourquoi le rapport établi entre la vertu et le bonheur ne subsisterait-il pas toujours?

I. *De l'argument en faveur d'une autre vie, tiré de la nature de l'âme.*

322. En rassemblant les diverses preuves d'une vie future que les lumières de la raison peuvent fournir, on a communément attaché trop d'importance à l'immatérialité de l'âme. En effet, la doctrine de l'immatérialité de l'âme ne prouve pas que l'âme soit physiquement et nécessairement immortelle, mais seulement qu'elle peut exister indépendamment du corps, ce qui répond aux objections qui nient cette possibilité. Or, bien que nous ne connaissions pas assez la nature de l'âme pour en tirer sur ce point un argument positif, si cependant l'on peut montrer que la dissolution du corps n'entraîne pas nécessairement l'annihilation de l'âme, et que même la présomption est fortement en faveur de l'opinion contraire, la doctrine d'une rétribution future se trouvant ainsi dégagée des difficultés métaphysiques dont on craignait qu'elle ne fût enveloppée, on recevra plus aisément les preuves morales qui l'établissent.

323. Nous avons déjà fait observer (§ 28) que nos idées de l'âme et du corps sont purement relatives; que nous ne connaissons le corps que par ses qualités sensibles, et l'âme que par les opérations internes dont nous avons

conscience. Quand donc nous disons que l'âme n'est point matérielle, nous affirmons une proposition dont la vérité est impliquée, dans les seules conceptions de la matière et de l'esprit que nous puissions avoir.

324. Si des doutes se sont élevés sur la distinction de la matière et de l'esprit, il faut les attribuer à l'habitude que nous contractons dans notre enfance, de ne faire aucune attention à nos opérations mentales. Ce fut évidemment l'intention de la nature que nos pensées se dirigeassent habituellement vers les choses extérieures, et c'est pourquoi le vulgaire est, d'une part, peu disposé à étudier les phénomènes intellectuels, et de l'autre, peu capable du degré de réflexion qu'exigerait cet examen. Aussi, quand nous commençons à analyser notre constitution interne, les faits qu'elle nous présente se trouvent tellement associés dans nos conceptions avec les qualités de la matière, qu'il nous est impossible de tracer d'une manière ferme et distincte la ligne qui doit les séparer. De là vient encore que toutes les fois que l'esprit et la matière concourent dans un même fait, l'esprit est entièrement inaperçu, ou regardé tout au moins comme un principe accessoire, dont l'existence dépend de la matière. Le penchant de tous les hommes, à rapporter aux objets qui l'excitent, la sensation de couleur,

peut faire comprendre de quelle manière les qualités de l'âme et du corps se mêlent dans nos conceptions.

325. Si ces remarques sont justes, les préjugés qui servent de base au dogme du matérialisme ne sont pas de nature à être guéris par des raisonnemens métaphysiques, quelque clairs, quelque concluans qu'ils soient, aussi long-temps que les associations profondément enracinées dont nous venons de parler, continuent à égarer le jugement. L'habitude de réfléchir sur les lois de la pensée, telles que la conscience les recueille, celle de résister à ces illusions de l'imagination, qui conduisent les investigateurs superficiels à substituer l'analogie à la réalité, voilà les moyens qui disposeront peu à peu notre attention à saisir la différence des phénomènes de la matière et des phénomènes de l'esprit : et dès que cette différence commence à se montrer, l'absurdité du matérialisme devient d'une évidence intuitive.

326. Ce sont ces habitudes de familiarité avec les objets matériels, et d'inattention pour tout ce qui se passe en nous, qui expliquent comment le matérialisme peut nous paraître, à la première vue, moins absurde que le système opposé, qui fait de l'esprit l'unique existence qu'enferme l'univers. Et cependant, de ces deux

doctrines, celle de Berkeley est à la fois la plus vraisemblable et la plus philosophique, non-seulement parce qu'elle ne dément que nos perceptions, tandis que l'autre contredit notre sens intime, mais encore parce qu'on peut tirer des phénomènes des songes, quelques argumens plausibles en sa faveur, tandis qu'on ne peut citer aucun cas où la sensation et l'intelligence paraissent résulter d'une combinaison de molécules matérielles.

327. Outre ces témoignages en faveur de l'existence de l'esprit, rendus par notre propre conscience, et répétés pour ainsi dire par tous les êtres vivans, il se révèle encore dans toutes les parties du monde matériel et inanimé. Nous sommes tellement constitués, que tout changement nous suggère la notion de cause efficiente, et toute combinaison de moyens tendant à une fin, celle d'intelligence. De là vient qu'à toutes les époques on a considéré les changemens que présente la nature comme les effets de la *puissance;* l'ordre et la beauté de l'univers comme ceux de la *sagesse;* c'est-à-dire que dans le mouvement et l'arrangement du monde, on a toujours reconnu l'action de l'esprit. Aussi, dans les choses matérielles, non moins que dans la nature animée, concevons-nous le corps comme un objet passif, et l'esprit comme l'agent qui meut et gouverne. Et, ce qui mérite d'être

remarqué, c'est que dans le monde inanimé, l'esprit nous apparaît comme mettant en mouvement et arrangeant les parties de la matière, sans être uni avec elle comme dans la vie animale.

328. Diverses circonstances concourent à faire penser que l'union entre l'âme et le corps dans l'état actuel, loin d'être essentielle au développement de nos facultés, a pour but au contraire de restreindre la sphère de notre instruction, et d'empêcher que nous n'acquérions sur ce premier théâtre de notre existence, une vue trop claire de l'organisation et du gouvernement de l'univers. Certes, lorsqu'on se représente la différence qu'il y a entre les opérations de l'esprit et les qualités de la matière, on a bien plus de peine à comprendre que les deux substances soient intimement unies, comme nous le voyons, qu'à supposer que la première puisse exister à part, et garder dans cet état la conscience d'elle-même et l'intelligence des choses.

329. Et néanmoins, les objections les plus plausibles contre la doctrine d'une autre vie ont été tirées de l'intimité de cette union. L'ivresse, la folie, et quelques autres maladies, font voir qu'une certaine disposition du corps est nécessaire aux opérations intellectuelles, et

dans les vieillards, on remarque généralement que le déclin des facultés de l'esprit suit le déclin de la santé et des forces corporelles. Le petit nombre d'exceptions à l'universalité de ce fait prouve seulement qu'il est des maladies funestes à la vie, qui n'attaquent point les parties de l'organisation plus particulièrement en rapport avec les opérations de l'intelligence.

330. La réponse que Cicéron a faite à ces objections est aussi ingénieuse que solide : « Supposez, dit-il, qu'une personne eût été « élevée dès son enfance dans une chambre d'où « elle n'aurait pu voir ce qui se passait au-dehors « que par un petit trou ménagé dans le volet « de la fenêtre : n'est-il pas vrai qu'elle regar- « derait ce trou comme essentiel à sa faculté de « voir, et n'aurait-on pas quelque peine à lui « persuader que la perspective s'agrandira par « la démolition des murs de sa prison ? » Que cette analogie soit purement imaginaire, nous y consentons; mais s'il n'y a point d'absurdité dans la supposition, elle suffit pour répondre à tous les raisonnemens dirigés contre la possibilité de l'existence de l'âme après sa séparation du corps, et tirés de son union présente avec lui.

331. On pourrait puiser, dans une analyse exacte de nos idées de la matière et de ses qua-

lités, de nouveaux argumens en faveur de cette conclusion. Mais, pour répandre un peu de clarté sur de pareilles spéculations, il faudrait aborder quelques principes trop abstraits pour trouver place dans cet ouvrage.

II. *Preuves d'une autre vie, tirées de la constitution de l'homme, et des circonstances de sa condition présente.*

332. La grande étendue du sujet nous oblige à ne présenter, dans les remarques suivantes, qu'une énumération des principaux chefs de cette preuve. Nous les émettrons sans aucun développement.

1° Le désir, inné en nous, de l'immortalité, et ces rêves de l'espérance, qui prend, dès cette vie, possession de l'avenir;

2° Les craintes naturelles qu'éprouve l'âme, lorsqu'elle est sous l'influence du remords;

3° Le parfait accord qui se laisse apercevoir entre la condition des animaux et la portée de leurs instincts et de leurs facultés sensitives, mis en parallèle avec la contradiction que présentent, d'une part, l'état de choses au sein duquel l'homme est placé, et de l'autre, ses facultés intellectuelles, ses capacités sensibles, les conceptions de bonheur et de perfection auxquelles son esprit peut s'élever;

4° Les élémens d'un perfectionnement progressif et illimité, mis en réserve dans les principes de notre constitution;

5° La faculté qui nous a été donnée, d'étendre notre connaissance jusque sur les parties les plus reculées de l'univers, la carrière sans bornes ouverte à l'imagination humaine à travers l'immensité de l'espace et du temps, et, malgré leur imperfection, les idées que la philosophie nous donne sur l'existence et les attributs d'un être suprême : toutes choses dont le but paraît avec évidence dans la supposition d'une autre vie, mais qui n'auraient d'autre résultat, dans l'hypothèse contraire, que de rendre méprisables à nos yeux les affaires de la vie;

6° La tendance des infirmités de la vieillesse et des douleurs de la maladie à fortifier et à confirmer nos habitudes morales, et la difficulté, dans l'hypothèse de l'annihilation, de rendre compte de ces souffrances qui affligent ordinairement une partie de la vie de l'homme;

7° Le désaccord qui se manifeste entre nos jugemens moraux et le cours des affaires humaines ;

8° L'analogie du monde matériel, dont quelques parties laissent paraître l'ordre le plus systématique et le plus complet, et dont l'ensemble manifeste de plus en plus le même caractère, à mesure que le cercle de notre connaissance s'agrandit. La supposition d'un état futur peut seule nous donner la clef des désordres actuels du monde moral; et sans elle, un grand nombre des phénomènes les plus frappans de la vie demeurent à jamais inexplicables;

9° L'inconséquence qu'il y aurait à supposer que les lois morales, qui règlent le cours des affaires humaines, ne se rattachent à rien, au delà des limites de cette vie terrestre, tandis que tous les corps qui composent l'univers visible annoncent, par leur enchaînement, qu'ils tiennent à d'autres que nous ne voyons pas, et font partie d'un grand système qui embrasse le monde physique tout entier.

333. De toutes ces considérations, il n'en est pas une peut-être qui, prise à part, ne fût suffisante pour établir la vérité qu'elles concourent à prouver; réunies, leur force paraît irrésistible. Non-seulement, elles aboutissent toutes à la même conclusion; mais elles s'éclairent mutuellement et laissent apercevoir de l'une à l'autre cette espèce de conséquence et de liaison impossible à supposer dans une série de propositions fausses.

334. On peut étendre la même remarque aux autres principes de la religion naturelle. La chaîne qui les lie est si étroite, que si l'un est admis, tous les autres s'éclaircissent et en deviennent moins difficiles à comprendre.

335. Et ce n'est point seulement entre eux que ces principes sont liés. Ils ont des rapports avec tous les autres principes de la philosophie morale, au point que si l'on a sur les uns des idées justes, on est bien près d'en avoir aussi sur les autres. Peut-être n'y aurait-il point de témérité à affirmer qu'ils se rattachent à presque toutes les vérités que nous possédons sur le monde moral, sur le monde intellectuel et sur le monde matériel. Une chose certaine, du moins, c'est qu'à mesure que notre connaissance s'agrandit, nos doutes, nos objections s'évanouissent : de toutes parts une nouvelle lumière rayonne sur ce monde et fait ressortir plus nettement l'ordre systématique qui le gouverne.

336. Ajoutons comme une nouvelle considération à l'appui de ces remarques, que les découvertes les plus importantes dans les sciences physiques et morales ont été faites par des hommes attachés aux principes de la religion naturelle. Les écrivains qui ont affecté le scepticisme sur ce dernier point ont en général porté dans leurs autres recherches l'esprit de paradoxe et de sophisme. Ce fait, qui prouve de nouveau l'étroite liaison qu'ont entre elles les différentes classes de vérités, montre en même temps que les esprits le mieux organisés pour la découverte et la reconnaissance de la vérité, sont

ceux-là même que les preuves de la religion frappent avec plus de force.

337. L'influence qu'exerce sur la conduite et le bonheur des hommes le dogme de l'autre vie, ne tend pas peu à confirmer sa légitimité. Cette influence est si frappante, que plusieurs philosophes n'ont vu dans l'idée d'un état futur qu'une invention des législateurs pour assurer le bon ordre de la société, et soutenir les âmes faibles contre les souffrances de la vie. Mais comment lui reconnaître cette tendance heureuse, et supposer que le Créateur ait fait sortir et dépendre d'une croyance chimérique, que les lumières de la philosophie devaient dissiper, des résultats d'une si grande importance? n'est-il pas beaucoup plus probable que le progrès des lumières, si puissamment servi par le principe de curiosité, au lieu de diminuer la moralité et le bonheur des hommes, l'augmentera; et que, loin de répandre un nuage obscur sur la création, et d'éteindre les espérances que la nature nous inspire, il dévoilera graduellement à notre esprit, dans le monde moral, le même ordre et la même beauté que nous admirons dans le monde matériel.

338. Après le coup d'œil que nous venons de jeter sur les principes de la religion natu-

relle, nous n'avons pas à nous étendre beaucoup sur les devoirs envers Dieu. Comme créatures raisonnables et morales, capables de reconnaître l'existence d'une cause toute-puissante, et d'éprouver pour elle des sentimens de dévotion, ce nous est un devoir d'appliquer nos facultés à l'étude de la sagesse, du pouvoir et de la bonté qu'il a déployés avec tant d'évidence dans ses ouvrages : et l'accomplissement de ce premier devoir nous conduit à tous les autres, et développe en nous le sentiment de l'obligation religieuse. Ceux qui nourissent des idées justes sur ce sujet, le plus important de tous, admettront comme des propositions évidentes par elles-mêmes, les conséquences pratiques suivantes, qui comprennent quelques-uns des principaux effets, produits par la religion sur notre caractère et notre conduite.

339. Premièrement, si Dieu possède une excellence morale infinie, nous devons sentir pour lui, à un degré infini, toutes ces affections d'amour, de reconnaissance et de confiance qu'excite en nous le mérite imparfait de nos semblables; car nous ne pouvons nous former quelque faible notion de la nature divine qu'en élevant à la plus haute perfection tout ce qu'il y a de bienveillant et d'aimable dans l'homme. On peut donc considérer avec raison comme le premier élément de la moralité, le soin d'entre-

tenir en nous pour l'Être suprême un amour et un respect habituels. Et la vertu d'un homme dont l'âme est étrangère à ces sentimens de piété, n'est ni complète, ni surtout conséquente à elle-même.

340. Secondement, bien qu'on ne puisse avec vérité considérer la religion comme l'unique fondement de la moralité, cependant, lorsque nous sommes convaincus que Dieu est infiniment bon, et qu'il est l'ami, le protecteur de la vertu, nous trouvons dans cette croyance les plus puissans encouragemens à la pratique de toutes les parties du devoir. Elle nous conduit à regarder la conscience comme le vicaire de Dieu, et à considérer ses suggestions comme les commandemens de cet Être dont nous avons reçu l'existence, et dont le grand objet, dans le gouvernement du monde, est de conduire toute la création à la perfection et au bonheur.

341. Troisièmement, la considération de notre bonheur après cette vie (considération qui constitue, comme nous le verrons plus tard, une obligation morale) doit concourir avec les motifs dont nous avons déjà parlé, à déterminer en nous les vertueuses résolutions. Les perceptions morales, que nous tenons de Dieu, et plus particulièrement le sentiment de mérite et de démérite, peuvent être regardés comme des indi-

cations claires de récompenses et de punitions futures, tenues en réserve par sa justice, et qu'il ne manquera point de départir en temps convenable. La religion est donc une espèce de loi souveraine confirmée par les plus imposantes sanctions, et qui enveloppe dans sa dépendance nos pensées comme nos actions. Chez les hommes des classes inférieures, incapables de spéculations abstraites, et dont les sentimens moraux ne peuvent avoir reçu beaucoup de culture, il est certain que, si quelque chose garantit de leur part l'accomplissement des devoirs sociaux, c'est avant tout cette perspective religieuse qui intéresse leurs craintes et leurs espérances.

342. Ajoutons enfin que le sentiment religieux, lorsqu'il est sincère, entraîne nécessairement après soi une résignation complète à la volonté de Dieu : il nous apprend, en effet, que tous les événemens, quelque affligeans qu'ils puissent être, ont une fin que nous sommes incapables de concevoir mais qui est bonne, et qu'ils contribueront sans aucun doute à la perfection et au bonheur de notre nature.

SECTION II.

DES DEVOIRS ENVERS NOS SEMBLABLES.

343. Sous ce titre, nous ne nous proposons pas de donner une énumération complète de nos devoirs sociaux, mais seulement de mettre en lumière les plus importans. Nous aurons principalement en vue dans cette recherche de montrer l'imperfection des systèmes de morale qui essaient de résoudre toute la vertu dans un seul principe particulier. Entre ces systèmes, celui qui la résout dans la *bienveillance* est indubitablement le plus raisonnable; mais, après les remarques suivantes, cette doctrine elle-même paraîtra non-seulement inconciliable avec la vérité, mais encore susceptible de conséquences dangereuses.

ARTICLE I".

De la bienveillance.

344. Quelques moralistes ont supposé que la bienveillance était le seul objet immédiat de l'approbation morale; et que la tendance au bien de la société était le seul caractère qui pût rendre une action et la rendit en effet *obligatoire* à nos yeux.

345. Malgré les apparences diverses qui, dans la nature humaine, semblent à la première vue favoriser cette théorie, elle est sujette à des objections insurmontables. Si le mérite d'une action doit uniquement se mesurer sur la quantité de bien qu'a voulu produire son auteur, il s'ensuit que les rapports qui existent entre les individus ne peuvent en aucun cas modifier la bonté d'une action : conséquence directement contraire aux jugemens universels de l'humanité relativement aux obligations de *reconnaissance*, de *véracité* et de *justice*.

346. A moins que nous n'admettions que ces devoirs sont immédiatement obligatoires, nous devons admettre la maxime, qu'une bonne fin sanctifie les moyens nécessaires à son accomplissement, c'est-à-dire que nous pourrions nous soustraire au devoir de *reconnaissance* de *véracité* et de *justice* toutes les fois qu'en le faisant nous aurions pour objet quelque intérêt essentiel de la société.

347. Peut-être dira-t-on que, dans de pareils cas, la considération de *la plus grande utilité* produirait une conduite invariablement conforme aux règles générales, parce qu'en dernière analyse on fait plus de bien en restant fidèle à ces règles qu'on ne pourrait en obtenir en les abandonnant au gré des circonstances; puis on

prétendra que c'est l'idée d'*utilité* qui nous conduit d'abord à l'approbation des différentes vertus, et qu'ensuite l'habitude et l'association des idées font que nous les observons sans plus songer aux conséquences. Mais n'est-ce pas pour avoir adopté cette manière de raisonner que les philosophes qui ont essayé de déduire toutes nos actions de l'*amour de soi* ont été si sévèrement censurés par les auteurs du système de la *bienveillance*; et les argumens que ceux-ci ont employés contre leurs adversaires, ne peut-on pas les rétorquer contre eux?

348. Que la pratique de la *véracité*, de la *justice* et de tous les autres devoirs soit utile à l'humanité, les moralistes de toutes les sectes le reconnaissent; et certes il y a de bonnes raisons de croire que, si quelqu'un pouvait apercevoir toutes les conséquences de ses actions, il verrait qu'il est toujours utile à la société d'agir conformément à ces règles, même dans les cas où la faiblesse de notre intelligence nous fait pencher pour l'avis contraire. Il est possible que dans Dieu la bienveillance ou la recherche de *la plus grande utilité* soit le seul principe d'action, et que la fin dernière pour laquelle il imposa les devoirs de *véracité* et de *justice* à ses créatures, fut d'assurer leur bonheur; mais toujours est-il que pour l'homme ces lois sont indispensables, puisqu'il perçoit immédiate-

ment leur rectitude; et en vérité s'il n'en était pas ainsi, mais qu'on lui eût laissé le soin de déduire la bonté de ces lois des heureuses conséquences qu'elles produisent, il est très-douteux qu'il fût resté sur la terre assez de vertu pour sauver et maintenir la société.

349. Ces remarques s'appliquent à un grand nombre de systèmes moraux qui ont été présentés au monde sous des formes très-différentes, mais qui s'accordent tous à dériver de l'*utilité* les règles pratiques d'une conduite vertueuse. Tous ces systèmes ne sont que des modifications de la vieille doctrine qui résout toute vertu dans la bienveillance.

350. Si la bienveillance ne contient pas tout le devoir, au moins doit-on reconnaître qu'elle en est une des branches les plus importantes; il en est même peu qui soient l'objet d'un culte aussi particulier et d'une admiration aussi enthousiaste. La plausibilité des systèmes dont nous venons de parler prouve assez le rang qu'on s'accorde à lui donner parmi les vertus.

351. Peut-être n'est-il point inutile d'ajouter que la bienveillance telle que nous l'entendons ici, est une *disposition constante et arrêtée* à faire le bonheur de nos semblables : autrement elle ne serait point l'objet de l'approbation mo-

rale. Particulière aux natures raisonnables, on ne doit point la confondre avec les affections bienveillantes qui nous sont communes avec les bêtes. Ces affections bienveillantes sont des auxiliaires de la bienveillance et peuvent être regardées comme des qualités aimables dans le caractère ; mais comme elles viennent de notre organisation et non pas de nous, elles ne sont nullement méritoires. Elles ne peuvent mériter l'estime morale que dans le cas où elles se développent à un degré éminent; car elles annoncent alors la peine qu'on a prise à les cultiver et deviennent le signe d'une vertu active au sein de laquelle elles se sont exercées et fortifiées. C'est par la même raison que nous ne pouvons voir sans une sorte d'horreur les personnes dépouillées de ces affections: nous savons que de longues habitudes de dépravation ont pu seules les déraciner, et l'aversion que cette réflexion nous inspire est fortifiée par le déplaisir que nous éprouvons toujours quand le cours ordinaire de la nature est interverti dans l'une de ses productions.

352. Quelques-uns des écrivains qui résolvent la vertu dans la bienveillance n'ont pas assez tenu compte de cette considération; ils parlent souvent d'*affections vicieuses et vertueuses*, tandis que ces épithètes appartiennent, non pas aux affections, mais aux actions, et plus

proprement encore aux *dispositions* et aux *plans de conduite* qui déterminent ces actions.

353. Quand une bienveillance constante et raisonnée entre comme élément dans un caractère, elle donne à la conduite une parfaite uniformité et la préserve de ces inconséquences trop fréquentes dans les individus qui s'abandonnent à des affections particulières, publiques ou privées. Tous ces devoirs si frivoles en apparence et qui affectent si notablement le bonheur des autres, la civilité, l'amabilité, la douceur, l'humanité, le patriotisme, la philanthropie, ne sont que des expressions diverses de la même disposition, qui change de formes selon les circonstances où elle s'applique et les rapports de l'agent avec les autres hommes.

ARTICLE II.

De la justice.

354. Ce mot dans son acception la plus étendue désigne cette disposition en vertu de laquelle, toutes les fois que notre caractère, nos passions, notre intérêt sont engagés, nous nous déterminons à agir avec impartialité, indépendamment de toute considération particulière.

355. Pour dégager notre âme des influences

personnelles qui peuvent l'égarer, l'expérience nous enseigne, tantôt à nous rappeler les jugemens que nous avons portés dans des circonstances semblables sur la conduite des autres, tantôt à nous poser des cas dans lesquels ni nous, ni rien de ce qui nous concerne ne se trouverait intéressé.

356. Mais bien que de pareils expédiens soient nécessaires aux hommes les meilleurs pour assurer la rectitude de leurs jugemens dans les questions qui les touchent, il ne s'ensuit pas comme on l'a supposé, que les idées que nous nous formons sur la justice ou l'injustice de notre propre conduite dérivent exclusivement des sentimens que la conduite des autres nous inspire. Le but de pareils expédiens est uniquement d'arriver à une vue juste et claire des circonstances; cette donnée obtenue, reste encore la question de savoir ce qui constitue pour nous l'obligation d'agir de telle ou telle manière? Il est très-important de remarquer en effet qu'après avoir déterminé d'une manière satisfaisante quelle est la conduite qu'un juge impartial approuverait, nous sentons que cette conduite *est juste pour nous* et que nous sommes moralement obligés d'agir en conséquence. Si nous n'avions recouru à aucun expédient pour assurer la rectitude de notre premier jugement, nous n'en aurions pas moins jugé que telle ou

telle conduite était juste, injuste ou indifférente : il est probable seulement que notre décision, émanant d'une vue fausse ou partiale des circonstances, eût été erronée : voilà toute la différence.

357. Comme nous ne finirions pas si nous essayons d'exposer toutes les formes sous lesquelles peut se déployer dans la vie la disposition morale à laquelle on a donné le nom de *justice*, il est nécessaire de concentrer notre attention sur quelques-unes de ses tendances les plus importantes. On peut les ranger sous deux chefs selon qu'elles ont pour objet, 1° de réprimer la partialité du *caractère* et des *passions*; 2° de réprimer la partialité de l'*amour de soi*, lorsque notre intérêt se trouve en opposition avec celui des autres. On peut distinguer ces deux formes de la justice en désignant la première sous le nom de *bonne foi*, et la seconde sous celui d'*équité* ou d'*intégrité*.

I. *De la bonne foi.*

358. Cette disposition peut être considérée sous trois points de vue, selon qu'elle se manifeste :

1° Dans les jugemens sur les talens des autres;
2° Dans l'appréciation de leurs intentions
3° Dans la controverse.

359. La difficulté d'apprécier avec candeur les talens de nos semblables, dérive principalement de la tendance de *l'émulation* à dégénérer en *envie*. La distinction théorique de ces deux dispositions n'est pas douteuse (§ 139) : mais dans la pratique rien n'est plus difficile que de la réaliser complétement. Nous avons pour nous-mêmes une partialité qui, d'un côté, nous porte toujours à enfler nos avantages personnels et à les exalter dans notre estime, et de l'autre nous empêche de remarquer suffisamment le mérite d'autrui, ou de le voir sous le jour le plus favorable. C'est ce dont un honnête homme sera promptement convaincu par sa propre expérience. Il se mettra donc en garde contre cette disposition autant qu'il dépendra de lui, et s'efforcera de juger des prétentions d'un rival ou même d'un ennemi, comme il ferait si elles n'avaient aucun rapport avec les siennes; il tâchera de rendre justice à son mérite et de se dompter soi-même, s'il est possible, jusqu'à aimer et honorer le génie et l'habileté qui l'auront éclipsé; il ne prendra point la race humaine en aversion parce que d'autres l'auront surpassé : mais il redoublera d'efforts pour le bonheur de l'humanité, se rappelant que si, dans ses largesses intellectuelles, la nature a été plus libérale envers les autres qu'envers lui, elle n'a fermé à personne le théâtre de la vertu où le mérite des hommes n'a point pour mesure le de-

gré de développement auquel ils sont parvenus, mais l'usage qu'ils ont fait et le parti qu'ils ont tiré des moyens que leur position mettait entre leurs mains.

360. La bonne foi dans l'appréciation des intentions d'autrui, est une disposition d'une plus grande importance encore. Il est probable qu'il y a dans le monde beaucoup moins de vices et d'intentions criminelles qu'on ne l'imagine ordinairement, et l'on peut croire que la plus grande partie des disputes qui s'élèvent entre les hommes dérivent de méprises et de malentendus mutuels. On se rappelle les considérations que nous avons exposées à cet égard (§ 310). La justice que nous devons aux autres doit donc s'appliquer ici comme ailleurs, et si nous voulons l'écouter, nous donnerons à chacune de leurs actions l'interprétation la plus favorable, et en jugeant leurs fautes apparentes, nous tiendrons compte de tout ce que la bonne foi peut accorder. Une pareille disposition rend un homme respectable et aimable dans la société, et contribue peut-être plus que tout autre chose à son bonheur.

361. La bonne foi dans la controverse implique un sentiment ferme de justice, et un amour désintéressé de la vérité. Ces qualités se tiennent de si près, qu'à peine peut-on conce-

voir leur séparation : la dernière nous met en garde contre l'erreur dans nos spéculations solitaires; l'autre vient à son secours quand l'irritation de la dispute trouble en nous le froid exercice de l'entendement. Lorsqu'elles concourent ensemble et se déploient dans une heureuse harmonie, la pureté de la rectitude morale, qui fait leur essence, brille dans tout son jour. Mais ce phénomène est rare, même dans les caractères qui possèdent le plus la réputation de justice et de véracité. Aussi peut-on affirmer sans crainte, que ces vertus (dont les lois et l'opinion publique assurent si efficacement la réalisation dans de certaines limites), si on les veut sincères et pures de tout respect humain, sont d'un accès aussi difficile que point d'autres.

362. Nous avons donné quelque étendue à ces développemens, afin de suppléer aux définitions étroites de la justice, qui la restreignent à l'observation rigoureuse des règles de l'intégrité ou de l'honnêteté, dans les rapports d'intérêt que nous pouvons avoir avec nos semblables. En tant que cette dernière disposition dérive d'un sentiment de devoir indépendant des lois humaines, elle coïncide exactement avec cette branche de la vertu que nous venons de décrire, et que nous avons appelée la *bonne foi*.

II. *De l'équité ou de l'intégrité.*

363. On emploie ordinairement ces mots pour exprimer cette disposition de l'âme qui nous porte à observer les règles de la justice, quand notre intérêt se trouve en opposition avec les droits d'autrui; branche si importante de la justice, qu'elle s'en est presque exclusivement approprié le nom. Les observations de Hume et de Smith sur la différence de la justice et des autres vertus, s'appliquent exclusivement à l'équité, et c'est encore l'équité qui est l'objet propre de cette partie de la science morale appelée *jurisprudence naturelle*. Dans les paragraphes suivans, lorsqu'on rencontrera le mot de *justice*, on devra l'entendre dans ce sens restreint.

364. Deux circonstances principales distinguent la justice des autres vertus. D'abord, ses règles peuvent être posées avec un degré de précision que n'admettent point les autres préceptes moraux. Ensuite, il est légitime d'user de contrainte envers ceux qui ne les observent pas, puisque toutes les fois qu'on les viole on attente aux droits d'autrui, et qu'on l'autorise par là même à employer la force pour sa défense et sa sûreté.

365. M. Hume insiste beaucoup sur une distinction d'une autre espèce entre la justice et les autres vertus. Cette vertu, selon lui, est artificielle et non pas naturelle. Toutes les obligations qu'elle impose dérivent de l'union politique et de l'utilité commune.

366. A l'appui de cette assertion, il allègue surtout, qu'il n'y a point de principe inné qui nous pousse aveuglément à l'exercice de la justice, semblable à ces affections qui concourent avec nos dispositions bienveillantes et les fortifient.

367. Mais, en accordant ce fait, sur lequel repose l'argument, on n'en peut rien conclure qui établisse une distinction essentielle entre l'obligation de justice et celle de bienfaisance : car, tant que nous obéissons à l'aveugle impulsion d'une affection, notre conduite n'est point vertueuse. Nos affections nous furent données pour fixer notre attention sur certains êtres dont le bonheur dépend de notre conduite, et pour exciter et soutenir l'activité de l'âme, lorsque le devoir peut n'y pas suffire ; mais la légitimité ou l'illégitimité de nos actions ne dépend en aucun cas de la force ou de la faiblesse de l'affection ; elle ne dépend que de notre obéissance ou de notre désobéissance à la voix de la raison et de la conscience. Celles-ci nous disent,

dans un langage à l'abri de toute équivoque, que c'est parfois un devoir de contenir les plus aimables et les plus agréables émotions du cœur; que c'en est un, par exemple, d'éviter la vue des souffrances humaines, que des devoirs plus impérieux nous défendent d'adoucir, et d'échapper ainsi à ce plaisir délicieux que nous trouvons à céder à l'humanité. En tant donc que la bienveillance est une vertu, elle l'est précisément de la même manière que la justice, c'est-à-dire que nous l'approuvons, non parce qu'elle nous est agréable, mais parce que nous sentons qu'elle est un devoir.

368. On peut remarquer de plus qu'il y a des principes grandement innés en nous, qui servent de frein à l'injustice : les principes de *ressentiment* et *d'indignation*, par exemple, qui certainement font partie de la constitution humaine tout autant que la *pitié* ou *l'amour paternel*, et qui impliquent, comme nous l'avons remarqué (§ 155), un sentiment d'injustice et par conséquent de justice.

369. Il est un cas remarquable où la nature semble avoir pris des précautions particulières pour garder vivant parmi les hommes un sentiment des obligations qu'impose la justice. Les bons offices reçus des autres constituent une dette que nous sommes moralement tenus d'ac-

quitter par tous les moyens légitimes qui sont en notre pouvoir. C'est un fait que témoignent les formes de langage employées dans ces occasions, tant par les philosophes que par le vulgaire. Et cependant, comme le devoir de *reconnaissance* n'admet point l'appui du magistrat comme les règles de l'*honnêteté* proprement dite, la nature a jugé à propos d'assurer son observation par une des impulsions les plus irrésistibles et les plus délicieuses de la constitution humaine. La *reconnaissance*, considérée comme devoir moral, est donc une branche de la *justice* qui nous est particulièrement recommandée par une de ces émotions agréables qui accompagnent toutes les affections bienveillantes. Elle est en même temps une branche de ce que nous avons appelé *bienveillance rationnelle*, car, sans se confondre avec le devoir dont nous sommes tenus envers l'humanité, elle tend cependant, sous un grand nombre de rapports, à augmenter la somme du bonheur social. Quelqu'embarrassantes que puissent paraître en théorie les questions casuistiques auxquelles cette partie de la morale a donné lieu, jamais, ou du moins rarement, causent-elles la moindre hésitation dans la conduite de ceux qui ont pris le sentiment du devoir pour règle d'action ; tant est parfaite l'harmonie des diverses parties de notre constitution, lorsqu'on les soumet au contrôle de la raison et de la conscience, et tant sont étroitement unies les dispositions qui nous portent à remplir les différens devoirs d'une vie vertueuse !

370. Comme les règles de la justice, lorsqu'elle s'applique à des questions où les droits d'autrui sont engagés, s'établissent avec un degré de précision qui leur est exclusivement propre, on a fait de la partie de la morale qui s'y rapporte une science à part, sous le titre de *jurisprudence naturelle*.

371. La profession de ceux qui se livrèrent les premiers à l'étude de cette science, a beaucoup influé sur la manière dont elle a été traitée jusqu'ici. Non-seulement on a exposé les principes du *droit naturel* sous la forme d'un système de législation, mais on a servilement copié, dans l'exposition, le langage technique et les divisions arbitraires du droit romain.

372. Il en est résulté qu'une des branches les plus importantes de la loi naturelle a revêtu peu à peu des formes tout artificielles et scolastiques, et que plusieurs maximes capricieuses se sont insensiblement introduites parmi les principes de la jurisprudence universelle. De là aussi ces frivoles discussions sur des questions tantôt oiseuses, tantôt imaginaires, qui viennent trop souvent se substituer aux recherches fondamentales que la science appelle et que sug-

gèrent la nature et la condition générale de l'espèce humaine.

373. Un inconvénient plus matériel encore est résulté des habitudes de profession des premiers écrivains en matière de jurisprudence. Non contens d'établir les règles de la justice, sous les formes et dans le langage le plus familier à leur esprit, ils ont essayé d'étendre la même manière à toutes les autres branches de la philosophie morale, et d'échapper, par des définitions arbitraires, à la nécessité d'accommoder leur mode d'investigation à la nature diverse de leur sujet. Bien que la justice soit la seule branche de la vertu où chaque *devoir* implique un *droit* qui lui corresponde, ils ont, sous le titre de *droits imparfaits et externes*, opposé à toute espèce d'obligations, des *droits* de leur propre création, auxquels ils ont rataché comme à leur source tous nos différens devoirs. Et c'est ainsi qu'une étude pleine de charme et d'utilité chez les anciens moralistes est devenue, dans la plupart des systèmes modernes, aussi rebutante et surtout aussi inutile que la logique des scolastiques.

374. Outre ces défauts dans les systèmes modernes de jurisprudence (défauts qui ont pris leur source dans les habitudes de ceux qui s'adonnèrent les premiers à cette étude), il en

est un autre très-essentiel, qui dérive des idées inexactes qu'on s'est faites de l'objet de la science. Bien que les devoirs de *justice* ne puissent en aucune façon se résoudre dans des considérations d'*utilité*, cependant, dans toutes les associations politiques, ces deux choses sont tellement confondues dans les institutions, qu'il est impossible de les séparer complétement dans le raisonnement. Il s'en est suivi, comme l'a remarqué M. Hume, que les auteurs en jurisprudence, tout en professant qu'ils se renfermaient entièrement dans le premier point de vue, ont pris sans cesse pour point de départ des principes qui appartiennent au second. Aussi, pour éviter cette confusion, nous semble-t-il à propos de ne pas considérer la jurisprudence comme un pur système de *justice naturelle*, mais de l'unir à la politique, et de développer les principes généraux de la *justice* et de l'*utilité*, dans l'état de combinaison où la constitution de la société nous les offre. Cette manière d'envisager le sujet qui le rejette dans la troisième partie de nos Esquisses, aura cet autre avantage de montrer avec quelle exactitude ces deux espèces de principes coïncident dans leur application, et combien sont étroites les conceptions d'*utilité* qui ont si souvent conduit les politiques à se départir de ce qu'ils sentaient être *juste*, par respect pour ce que leur jugement borné regardait comme *avantageux*.

ARTICLE III.

De la véracité.

375. Les conséquences palpables qui résulteraient de l'absence de la véracité dans notre constitution, montrent assez quelle haute place elle occupe parmi nos devoirs sociaux. Dans cette hypothèse le but du langage serait manqué, et l'utilité de la connaissance restreinte pour chacun dans les limites de sa propre expérience.

376. L'utilité ne paraît point être pourtant le seul motif de l'approbation morale qui s'attache à cette disposition. Abstraction faite des conséquences, il y a quelque chose de plaisant et d'aimable dans la sincérité, la franchise et la vérité; quelque chose de désagréable et de dégoûtant dans la duplicité, l'ambiguité et la fausseté. Hutcheson lui-même, ce grand promoteur de la théorie qui résout dans la bienveillance toutes les qualités morales, le confesse; car il parle d'un *sens* qui approuve en nous la véracité, distinct du *sens* qui approuve les qualités utiles à l'humanité. Néanmoins, comme après tout ce n'est là qu'une manière vague de parler, il est bon d'analyser plus par-

ticulièrement, en nous, la source de l'approbation que nous accordons à la véracité.

377. Qu'il y ait dans l'âme humaine un principe naturel et instinctif de véracité, c'est un fait que plusieurs auteurs ont remarqué. Le même principe de notre constitution, qui nous porte au commerce social, nous porte aussi à la sincérité dans nos communications mutuelles. L'expression native et spontanée de nos sentimens est toujours vraie ; la fausseté au contraire implique toujours une certaine violence faite à notre nature, en vertu de quelque motif que nous cachons avec inquiétude.

378. Un autre principe parallèle à celui-ci, et aussi ancien que le langage, nous détermine à ajouter foi au témoignage des hommes. Sans cette disposition, l'éducation des enfans serait impossible. Aussi, loin d'être le fruit de l'expérience, ce penchant semble être d'abord illimité, la nature confiant aux progrès de la raison et de l'expérience le soin de le ramener peu à peu dans les limites de la prudence. Cette inclination a une analogie frappante, soit dans son origine, soit dans sa cause finale, avec notre confiance instinctive dans la constance des lois qui règlent le cours des événemens physiques (§ 71).

379. Dans l'enfance, le premier de ces deux principes n'est jamais aussi apparent que le dernier, quelquefois même il faut beaucoup de soins pour le développer; mais alors on trouvera toujours que quelque motif indirect se mêle au désir de communication sociale, comme la crainte, la vanité, la gourmandise ou la conscience de quelque méfait. Une disposition habituelle à mentir est donc un symptôme assuré de quelque mal plus profond et peut-être moins palpable, qui répand le désordre dans la constitution morale. Ce n'est qu'en découvrant et en extirpant ce défaut radical qu'on pourra détruire les conséquences funestes qui en résultent.

380. Ces remarques incomplètes prouveraient que chaque atteinte portée à la véracité indique quelque vice secret ou quelque intention criminelle qu'on rougit d'avouer. Et de là cet attrait singulier qu'exerce la franchise ou la sincérité, parce qu'elle réunit en elle, jusqu'à un certain point, les charmes de toutes les autres qualités morales, dont elle atteste l'existence.

381. La fidélité à tenir ses promesses, regardée communément comme une branche de la véracité, est peut-être plutôt une branche de la justice. Mais ce n'est là qu'une question d'arrangement, sans importance pour le dessein que nous nous proposons.

382. Si quelqu'un promet, avec l'intention de tenir, et manque à sa parole, sa faute est, rigoureusement parlant, une atteinte à la justice. Comme nous avons naturellement foi au témoignage d'autrui, toute promesse excite en nous une confiance naturelle. Lorsque j'excite cette confiance et que j'engage autrui à agir en conséquence, je lui donne un droit à l'exécution de ma promesse, et j'agis injustement si je ne l'accomplis pas.

383. Si quelqu'un promet sans intention de tenir, il est coupable à la fois d'injustice et de fausseté; car, bien qu'une déclaration de l'intention qu'on a n'équivaille pas à une promesse, toute promesse renferme la déclaration de l'intention qu'on a de l'accomplir.

384. Dans les cas mentionnés jusqu'ici, la pratique de la véracité est passablement garantie dans l'Europe moderne par les maximes reçues de *l'honneur*, qui marquent d'infamie toute déviation palpable de la vérité, en matière de fait ou dans l'accomplissement des promesses. Cependant, la véracité, considérée comme devoir moral, ne se réduit point à la sincérité dans le langage; elle défend, dans notre conduite extérieure, tout acte calculé pour tromper les autres et leur faire prendre le change. Elle défend également l'emploi volontaire du sophisme

dans le raisonnement, non moins que la fausse interprétation volontaire des faits. La mode peut établir des distinctions entre ces différens cas; mais les principes de la morale n'en sanctionnent aucune.

385. La même disposition de l'âme qui nous conduit à la pratique de la véracité dans le commerce de la vie, développe en nous l'amour de la vérité dans les recherches philosophiques. Ce principe d'action, qui n'est que la curiosité sous un autre nom, semble être aussi un fait primitif dans la nature humaine.

386. Bien qu'originairement la véracité ne soit point l'effet en nous d'un calcul d'utilité, la découverte graduelle de sa vaste influence sur le perfectionnement de l'humanité, ne peut manquer de confirmer et d'accroître son empire naturel sur l'âme. La connexion entre l'erreur et le mal, entre la vérité et le bonheur, devient plus apparente, à mesure que nos recherches s'étendent. Nous finissons par nous persuader qu'elle existe, même dans les cas où nous ne pouvons l'apercevoir. Cette pensée nous encourage à développer nos facultés avec franchise et abandon, tant par bienveillance pour les hommes que par confiance dans la justice de l'administration de l'univers.

387. Les devoirs dont nous avons parlé dans cette section nous obligent envers tous les hommes, et sont indépendans des relations spéciales que nous pouvons avoir avec quelques-uns d'entre eux. Ces relations enfantent une foule d'autres devoirs, tels que ceux d'*amitié* et de *patriotisme*, par exemple, sans parler des obligations que les moralistes ont distinguées par les dénominations de devoirs *économiques* et *politiques*. Il faudrait descendre dans les détails de la morale pratique pour essayer d'en donner une énumération.

SECTION III.

DES DEVOIRS ENVERS NOUS-MÊMES.

ARTICLE I.

Remarques générales sur cette classe de devoirs.

388. La prudence, la tempérance, le courage, ne sont pas moins nécessaires pour accomplir nos devoirs sociaux que pour assurer notre propre bonheur; mais comme ils n'impliquent rigoureusement aucune relation avec nos semblables, ils semblent appartenir plus proprement à cette troisième branche de la vertu.

389. Quelques développemens sur la nature et la tendance de ces qualités, ainsi que sur les moyens de les fortifier et de les perfectionner en nous, constituent sans doute une partie essentielle de la science morale; mais ils ne pourraient nous conduire à aucune discussion d'une nature assez élevée pour mériter une attention particulière dans un ouvrage dont la brièveté est le principal objet.

390. Nous nous contenterons de remarquer ici qu'indépendamment de toute considération d'utilité soit à l'égard des autres soit par rapport à nous, ces qualités attirent notre approbation comme droites et convenables en elles-mêmes; ce qui n'empêche pas que leur utilité ou pour mieux dire leur nécessité dans l'accomplissement de nos autres devoirs n'augmente beaucoup le respect qu'elles commandent, et ne finisse même par devenir le principal motif de l'obligation qui nous est imposée de les cultiver.

391. Une tendance constante dans la conduite de la vie, au bonheur et à la perfection de notre nature, une diligente recherche des moyens qui peuvent concourir à ce double but, est une autre obligation qui rentre dans cette branche de la vertu. Ce devoir a tant d'importance et d'étendue, qu'il mène à la pratique de tous les

autres, et mérite par là même un examen attentif et particulier dans un système de philosophie morale. En dirigeant nos pensées vers la fin et la destination de notre être, cette recherche aura l'avantage de ramener sous nos yeux les divers devoirs que nous avons déjà considérés. En montrant avec quelle unanimité ils s'accordent à nous recommander ces mêmes dispotions, elle mettra dans un nouveau jour l'unité de dessein de la constitution humaine, et la bienveillante sagesse déployée dans son organisation. De plus, d'autres devoirs subordonnés, qu'il serait ennuyeux d'énumérer sous des titres séparés, viendront prendre place dans nos études d'une manière plus agréable et plus intéressante.

ARTICLE II.

Du devoir d'employer tous les moyens possibles pour assurer notre bonheur.

392. Selon le Docteur Hutcheson, notre conduite n'est jamais l'objet de l'approbation morale toutes les fois qu'elle est dirigée par l'amour de soi; il prétend même que les jouissances d'une conscience pure diminuent le mérite des actions qu'elles nous encouragent à accomplir.

393. Sans doute le principe de l'amour de

soi, ou le désir du bonheur, n'est proprement digne ni de blâme ni d'approbation : il est inséparable de la nature de l'homme comme être raisonnable et sensible (§ 161).

394. Il n'en est pas moins vrai, d'un autre côté, que ce désir, considéré comme principe d'action, ne peut avoir sur notre conduite une influence uniforme; les appétits animaux, les affections et d'autres principes inférieurs de notre nature, entrent aussi souvent en opposition avec l'amour de soi qu'avec la bienveillance, et nous détournent de notre bonheur autant que de nos devoirs envers autrui.

395. En pareils cas, chaque spectateur prononce que c'est avec justice que nous souffrons pour notre folie et notre imprudence; et nous en jugeons de même dès que le tumulte de la passion est apaisé. Le remords que nous éprouvons n'est point seulement le regret d'avoir manqué le bonheur dont nous pouvions jouir; nous ne sommes pas seulement mécontens du résultat, nous le sommes aussi de notre conduite, nous le sommes d'avoir criminellement perdu par notre imprudence ce qu'il était en notre pouvoir d'atteindre.

396. Il est vrai que la négligence de notre bien particulier n'excite pas en nous une indi-

gnation aussi vive que la perfidie, la cruauté, l'injustice. La raison en est apparemment que l'imprudence entraîne pour l'ordinaire sa punition après soi : la pitié désarme alors notre ressentiment. D'ailleurs le penchant au bonheur que tout homme porte toujours en soi, tant qu'il n'est pas sous l'empire d'un violent appétit, étant un frein puissant à l'imprudence, il était moins nécessaire de lui ménager dans l'indignation des hommes un surcroît de punition.

397. Des principes que nous venons d'établir, il suit que chez une personne qui croit à une vie future, la criminalité de chaque mauvaise action est aggravée par l'imprudence qui l'accompagne.

398. Il suit encore, que les punitions attachées par l'autorité civile aux actions particulières augmentent leur criminalité propre : au point que si une action parfaitement indifférente en soi était défendue sous des peines graves par quelque décret arbitraire, à moins qu'un devoir urgent ne le prescrivît, il serait criminel de faire cette action, non pas seulement à cause de l'obéissance due à l'autorité établie, mais à cause des égards que chacun doit avoir pour sa vie et sa réputation.

ARTICLE III.

Du bonheur.

399. L'observation la plus superficielle de la vie suffit pour nous convaincre que le moyen d'être heureux n'est pas de satisfaire tous ses appétits et tous ses désirs; mais qu'il est nécessaire que nous nous fassions un plan ou système de conduite sous l'influence duquel toutes nos poursuites particulières soient dirigées.

400. Déterminer quel doit être ce système est un problème qui a de tout temps occupé une grande place dans les spéculations des philosophes. C'était parmi les anciens le principal sujet de controverse qui divisât les écoles, et ils le traitaient de manière à y envelopper toutes les autres questions de la morale. Les opinions professées à cet égard par quelques-unes de leurs sectes comprennent plusieurs des vérités les plus importantes qui peuvent sortir de cette recherche, et ne laissent guère à désirer qu'un petit nombre de rectifications et de restrictions.

I. *Opinions des anciens sur le souverain bien.*

401. Ces opinions peuvent être réduites à trois, celle des épicuriens, celle des stoïciens, et celle des péripatéticiens.

402. Selon Épicure, les plaisirs et les peines du corps sont le seul véritable objet du désir et de l'aversion; nous n'aimons une chose, nous ne la haïssons que pour sa tendance supposée à nous donner les uns ou à nous préserver des autres; les vertus même n'ont point de valeur propre; elles n'ont de prix que comme moyens de soumettre à notre pouvoir nos plaisirs et nos peines.

403. Les jouissances et les souffrances de l'âme, d'après ce philosophe, dérivent uniquement du souvenir ou de la prévision de celles du corps; mais ces souvenirs et ces prévisions ont en dernière analyse plus d'importance que les plaisirs et les peines dont ils dérivent; car ils remplissent une plus grande place dans la vie, et nous sommes les maîtres de les régler. Aussi Épicure place-t-il le bien suprême dans la santé du corps et la paix de l'âme, mais beaucoup plus dans la paix de l'âme que dans la santé du corps; car il affirme qu'un sage peut encore être heureux parmi les souffrances physiques les plus vives.

404. Sans doute, il y a bien des erreurs et des paradoxes dans un tel système, et les formes sous lesquelles ses principes sont énoncés, peuvent prêter à des interprétations dangereuses. Il n'en mérite pas moins l'attention de ceux qui

se livrent aux recherches morales par le témoignage qu'il porte en faveur de la connexion du bonheur et de la vertu. Aussi Smith a-t-il remarqué, que le stoïcien Sénèque, tout opposée que fût sa secte à celle d'Épicure, cite ce philosophe plus fréquemment qu'aucun autre.

405. Les stoïciens plaçaient le souverain bien dans la rectitude de la conduite, sans aucun égard aux conséquences.

406. Cependant, ils ne prêchaient pas l'indifférence pour les choses extérieures et n'entendaient point qu'on menât une vie oisive et apathique. D'après leur doctrine, la nature nous enseigne à distinguer entre les objets. Il en est qu'elle nous invite à choisir, d'autres à rejeter, quelques-uns à préférer ou à éviter plus spécialement : la vertu consiste à se décider selon la valeur intrinsèque des choses. Ainsi, tout ce que prétendaient les stoïciens, c'est que nous ne devons pas rechercher un objet comme moyen de bonheur, mais parce que nous croyons qu'il convient que notre nature le recherche. D'où il suit, qu'après avoir fait notre possible pour l'atteindre, s'il nous échappe, nous devons regarder l'événement avec indifférence.

407. Dans le système des stoïciens, l'échelle des objets désirables était principalement calculée dans l'intérêt des vertus sociales. Ils enseignaient que le bonheur de deux est préférable à celui d'un seul, celui d'une cité à celui d'une famille, et qu'enfin, toute considération particulière doit céder à celui de la patrie. Sur ce principe, auquel s'unissait un sentiment sublime de piété, ils fondaient la doctrine d'une entière résignation aux mesures de la providence. Comme tous les événemens sont ordonnés par une sagesse et une bonté parfaites, ils en concluaient que tout ce qui arrive est combiné pour produire le plus grand bien possible dans le système universel; et comme il convient à notre nature que nous préférions le bonheur de beaucoup à celui d'un petit nombre, et celui de tous à celui de beaucoup, ils en concluaient que tout événement qui arrive est précisément celui que nous aurions désiré, si nous avions été initiés dans le secret de l'administration divine.

408. Tout en parlant ce langage élevé, les stoïciens reconnaissaient la faiblesse humaine; mais ils prétendaient que le philosophe doit tracer l'image de la perfection, sans avilir la dignité de la vertu par des restrictions qui ne lui sont imposées que par l'humaine infirmité.

409. Les péripatéticiens s'accordaient avec les stoïciens sur le plus grand nombre de ces points ; ils admettaient que la vertu doit être la règle de notre conduite, et qu'aucun autre bien ne lui est comparable ; mais ils ne la donnaient pas pour le bien unique et n'affectaient point pour les choses extérieures une indifférence absolue. — « *Pugnant Stoici cum* « *Peripateticis*, dit Cicéron : *alteri negant quid-* « *quam bonum esse, nisi quod honestum sit*; « *alteri longè, longèque plurimum se attribuere* « *honestati; sed tamen et in corpore et extrà* « *esse quædam bona. — Certamen honestum et* « *disputatio splendida.* »

410. En dernière analyse, il paraît, pour nous servir des expressions de Fergusson, que « toutes ces sectes reconnaissaient la nécessité « de la vertu, ou du moins accordaient que, « dans toute recherche bien entendue du bon- « heur, la moralité mérite la plus sérieuse con- « sidération. Seulement, les Stoïciens préten- « daient que le bonheur n'est rien autre chose « que cette considération, c'est-à-dire que la « vie d'une âme active, ferme, sage et bien- « faisante est elle-même le vrai bien que nous « devons rechercher. »

II. *Remarques additionnelles sur le bonheur.*

411. On peut conclure de l'aperçu que nous venons de donner des systèmes philosophiques sur le souverain bien, que c'est un fait reconnu et incontestable que le bonheur dérive principalement de l'âme. Peut-être les Stoïciens expriment-ils ce fait trop absolument, lorsqu'ils disent que pour un homme sage, les circonstances extérieures sont indifférentes; cependant on doit avouer que le bonheur dépend beaucoup moins de ces circonstances qu'on ne l'imagine ordinairement, et que, s'il n'y a pas une situation si prospère, qu'elle exclue les tourmens de la méchanceté, de la lâcheté et du remords, il n'en est point de si fâcheuse que ne puisse consoler le sentiment d'un cœur résolu, bienveillant et droit.

412. Si, de la sublime idée d'un homme parfaitement sage et vertueux, nous descendons aux caractères ordinaires que ce monde nous présente, nous sentirons la nécessité de mettre quelques restrictions importantes aux conclusions des Stoïciens. Hume a remarqué que de même que le système physiologique souffre plus d'un mal de dents que d'une hydropisie ou d'une phthisie; de même, bien que le vice dérange toujours et fasse souffrir l'économie de l'âme,

cependant la nature ne proportionne pas exactement le degré du désordre ou de la peine à celui du vice. Le même auteur ajoute que si quelque mauvais penchant ou quelque imperfection se rencontre dans le caractère d'un homme, il peut arriver qu'une bonne qualité qu'il possède en même temps le rende plus misérable que s'il était complétement vicieux.

413. En faisant même abstraction de ces considérations, et en supposant un caractère aussi parfait que la faiblesse humaine peut le comporter, diverses qualités de l'âme qui n'ont aucun rapport immédiat avec le mérite moral, sont nécessaires pour assurer le bonheur. On se convaincra de la justesse de cette remarque, si l'on examine combien notre tranquillité est susceptible d'être affectée,

1° Par notre caractère;
2° Par notre imagination;
3° Par nos opinions;
Et 4° par nos habitudes.

414. L'action que notre constitution originelle et notre éducation première peuvent obtenir sur notre âme, par ces diverses voies, est très-grande. Et lorsque cette influence est d'une nature pernicieuse, il est difficile que les préceptes de la philosophie puissent promptement réparer le mal. Mais des efforts persévérans de

notre part peuvent beaucoup ; et c'est pourquoi les causes particulières que nous venons d'énumérer méritent notre attention, non-seulement à cause de leur connexion avec la question spéculative de l'essence du bonheur, mais sous le rapport des conséquences pratiques qui dérivent de leur étude.

Influence du caractère sur le bonheur.

415. On peut donner au mot *caractère* une signification plus ou moins étendue. Nous l'employons ici pour désigner l'irascibilité naturelle de l'âme. C'est la partie du caractère qui a le plus de rapports avec le bonheur, à cause des plaisirs et des peines respectivement attachés à l'exercice de nos affections bienveillantes et malveillantes (§ 147-157).

416. Nous avons distingué le *ressentiment* en *instinctif* et *délibéré* (§ 154) ; nous avons observé que le dernier a toujours pour objet l'intention de la personne, et qu'il implique un sentiment de justice ou de bien et de mal moral.

417. Dans quelques hommes, l'impulsion animale ou instinctive est plus forte que chez d'autres. Il arrive aussi que, sans être naturellement plus forte, cette impulsion a été négli-

gée dans la première éducation, et n'a pas été accoutumée au frein de la raison. Dans les deux cas, il en résulte un caractère vif et irascible. C'est un défaut que l'on remarque souvent dans les hommes passionnés et généreux, et qui altère leur bonheur, moins encore par les effets qu'il produit sur leur âme que par les malheurs accidentels auxquels il les expose.

418. Lorsque le ressentiment animal ne s'apaise point immédiatement, c'est que nous sommes convaincus de la mauvaise intention de la personne qui en est l'objet. Si donc cette persévérance de ressentiment se renouvelle assez fréquemment dans un individu pour devenir un trait de son caractère, on peut en conclure qu'il a du penchant à interpréter défavorablement les actions d'autrui. Il est des cas où cette disposition provient d'une conviction établie de la dépravation humaine; mais en général, elle prend sa source dans un mécontentement de nous-mêmes, né de la conscience de nos propres vices et de notre propre folie. Et c'est ce mécontentement qui pousse la personne qui l'éprouve à se distraire d'elle-même, et à rejeter sur les fautes imaginaires des autres les motifs de sa mauvaise humeur.

419. Rien n'est plus propre à guérir cette maladie de l'âme que la culture de cette bonne

foi dans l'appréciation des motifs d'autrui, qui s'acquiert par la considération habituelle de notre propre faiblesse et des circonstances sans nombre qui peuvent donner à la conduite humaine l'apparence du vice, indépendamment de toute intention criminelle.

420. Un autre remède qui n'est pas à dédaigner, c'est de supprimer autant que possible les signes extérieurs de mauvaise humeur et de violence. C'est un moyen d'adoucir graduellement l'irascibilité de l'âme, et de se rendre ainsi, non-seulement plus agréable aux autres, mais encore moins insupportable à soi-même. La dépendance est si étroite entre l'âme et le corps, qu'il suffit d'imiter l'expression d'une passion forte pour l'exciter en soi à quelque degré, et que d'une autre part, la suppression des signes extérieurs tend à calmer la passion qu'ils indiquent.

421. L'influence du caractère sur le bonheur est considérablement augmentée par une autre circonstance; les mêmes causes qui éloignent nos cœurs de nos semblables nous disposent à prendre de fâcheuses idées sur le cours des affaires humaines, et par une rapide transition, nous conduisent à un scepticisme désespérant.

422. De même que dans ce cas le caractère influe sur les opinions, de même les idées que

nous nous formons sur l'administration du monde et particulièrement sur la condition et la destinée de l'homme influent sur le caractère. La croyance à un Dieu souverainement bon et parfaitement sage introduit dans notre cœur une douce satisfaction. A la pensée que l'ordre et le bonheur prévalent en ce monde, nous sentons s'apaiser en nous la discorde des passions. Ainsi se calme notre âme quand au fond de quelque retraite cachée et tranquille nous contemplons la sérénité paisible d'une soirée d'été.

Influence de l'imagination sur le bonheur.

423. Une éducation libérale nous accoutume à détourner notre attention des perceptions présentes pour la porter à notre gré sur les objets absens, passés ou futurs; c'est là un de ses principaux effets. On voit, du premier coup, combien cette habitude élargit le cercle de nos plaisirs et de nos peines; car, sans parler des souvenirs du passé, toute cette portion de bonheur et de misère qui résulte de nos espérances et de nos craintes, doit entièrement son existence à l'imagination.

424. Il est vrai que chez quelques personnes l'imagination, n'ayant d'autre objet que la prévision ou le souvenir des impressions sensuelles, n'engendre ni beaucoup de peines ni beaucoup de plaisirs.

425. Mais chez d'autres, c'est une source de vives amertumes, quand l'âme a été de bonne heure abattue par le scepticisme ou alarmée par les terreurs de la superstition.

426. A ceux dont l'éducation a été bien dirigée, l'imagination ouvre une source inépuisable de jouissances, offrant sans cesse à leur pensée, les plus nobles images de l'humanité, les plus consolantes idées de la providence, et dorant, sous les sombres nuages de la mauvaise fortune, la perspective de l'avenir.

427. La vivacité des peintures qu'enfante l'imagination dépend probablement en partie de la constitution originelle, mais beaucoup plus du soin qu'on a pris de cultiver cette faculté dès l'enfance. La nature gaie ou triste de ces peintures dépend presqu'entièrement des associations que nos premières habitudes nous ont conduits à former.

428. Même sur les hommes dont l'imagination n'a reçu que peu ou point de culture, l'association garde un grand pouvoir; elle est toujours pour quelque chose dans l'appréciation qu'ils font de la valeur des objets externes. L'empire qu'exerce l'éducation sur cette partie de notre constitution lui donne une immense influence sur notre bonheur (§ 60).

429. L'âme garde profondément l'empreinte des premières impressions. Pour les effacer, le raisonnement ne suffit pas. Il y a plus de ressources dans les associations contraires qu'un autre genre d'étude et d'occupation, un changement de lieu, d'habitudes et de société, peuvent amener.

Influence des opinions sur le bonheur.

430. Par *opinion* nous n'entendons pas seulement ici les résultats spéculatifs auxquels nous avons donné notre assentiment, mais les croyances qui ont pris racine dans l'âme et qui exercent sur notre conduite une influence habituelle.

431. Une très-grande et très-importante partie de ces opinions nous viennent de l'éducation et se rattachent à nos premières habitudes intellectuelles, ou s'introduisent en nous avec les mœurs et les usages de notre époque.

432. Les efforts et la persévérance d'une âme réfléchie et vigoureuse peuvent souvent corriger jusqu'à un certain point ce qu'il y a de faux dans de pareilles opinions. Mais comme ces âmes capables de réflexion sont comparativement peu nombreuses, c'est un devoir pour tous ceux qui ont éprouvé l'heureux effet de principes

plus justes et plus élevés, de faire autant qu'ils le peuvent partager aux autres le même bienfait. Le sujet est trop vaste pour que nous en traitions dans un ouvrage dont le plan exclut tout développement; mais le lecteur le trouvera discuté d'une manière étendue dans une longue section des *Principes de Science morale et politique* de Ferguson.

Influence des habitudes sur le bonheur.

433. Nous avons déjà fait remarquer jusqu'à quel point l'habitude sait nous réconcilier avec les inconvéniens de notre situation (§ 314), et cette observation nous a fourni l'occasion de faire ressortir la bonté de Dieu, qui, non content d'avoir mis à la disposition des principes de notre nature, une foule d'objets qui leur sont appropriés, nous a doué d'une flexibilité assez grande pour nous accommoder aux circonstances mêmes qui répugnent le plus à ces principes.

434. Toutefois, cette tendance de notre âme à s'attacher aux objets avec lesquels elle a des rapports familiers, peut, dans quelques cas, devenir pour elle une source de contrariétés fâcheuses, et même la rendre insensible aux plus douces jouissances de la vie. Les habitudes de l'enfance et de l'adolescence l'emportent telle-

ment en ténacité sur celles d'un âge plus avancé, qu'on a dit avec raison qu'elles étaient pour nous une seconde nature. Si par malheur donc les circonstances parmi lesquelles elles sont nées, ne dépendent point de nous, elles laissent notre bonheur sans garantie et nous livrent au caprice de la fortune.

435. La meilleure manière d'assurer pour l'avenir le bonheur des enfans, c'est de les accoutumer à des occupations et à des plaisirs qui ne puissent jamais se dérober à leur pouvoir, et que tout individu puisse dans tous les temps se procurer. Grâce au ciel, ce sont précisément les travaux et les plaisirs de cette espèce qui nous donnent les jouissances les plus substantielles et les plus vraies, et si l'éducation secondait judicieusement sous ce rapport les indications de la nature, ces travaux et ces plaisirs simples s'approprieraient facilement tous les charmes factices que les vanités du monde empruntent et ne doivent qu'à l'association.

436. Le choix d'un but d'activité dépend toujours de nous dans le principe. Il est de la dernière importance que dans nos délibérations à cet égard nous ne perdions point de vue l'influence de l'habitude sur le bonheur des hommes, et que nos plans ne se ressentent point de ces engouemens et de ces préjugés qui égarent si

souvent l'intelligence dans la conduite de la vie. « Choisis, dit Pythagore, le plan de conduite « le meilleur, et l'habitude te le rendra bientôt « le plus agréable. »

---

437. Les remarques précédentes ont pour objet ce qui est essentiel pour être heureux, c'est-à-dire, les circonstances constitutives de cet état de l'âme hors duquel on ne peut goûter aucune autre jouissance.

438. Cette base supposée, chaque individu sera d'autant plus heureux qu'il pourra mieux se procurer et retenir à sa disposition tous les différens plaisirs qui appartiennent à notre nature.

439. Ces plaisirs peuvent être rapportés aux chefs suivans :
1° Plaisirs de l'activité et du repos ;
2° Plaisirs des sens ;
3° Plaisirs de l'imagination ;
4° Plaisirs intellectuels ;
5° Plaisirs du cœur.

440. Un examen comparatif de ces différentes classes de plaisirs est le complément indispensable des recherches concernant le bonheur. Cela est vrai, même dans les principes du stoïcisme ; car c'est le seul moyen de constater la

valeur relative des différens objets que nous pouvons préférer ou rejeter.

441. Toutefois, un pareil examen nous jetterait dans des détails incompatibles avec le plan et étrangers au dessein de ces Esquisses. Ceux qui voudront s'y livrer verront s'ouvrir devant eux un champ de spéculations aussi curieuses qu'utiles et beaucoup moins épuisées par les moralistes qu'on ne pourrait le croire d'après leur importance

442. Tout ce qui précède nous conduit à cette conclusion pratique, que le plan le plus sage à suivre dans la recherche du bonheur, n'est pas seulement compatible avec une stricte observation des règles de la moralité, mais se trouve en grande partie compris dans ces règles; en sorte que le bonheur de notre nature aussi bien que sa perfection consistent à faire notre devoir en nous inquiétant aussi peu de l'événement que la faiblesse humaine nous le permet.

443. Avant d'abandonner ce sujet il peut être utile d'observer encore une fois (§ 172) (3) que nonobstant les heureuses conséquences d'une vie vertueuse, le principe du devoir et le désir du bonheur sont radicalement distincts. La paix de l'âme, qui est la récompense immédiate des bonnes actions, et le sentiment de mérite qui les ac-

compagne, forment sans doute indépendamment de l'expérience, une forte présomption en faveur de la connexion du bonheur et de la vertu; mais les faits qui, dans la vie humaine, justifient cette conclusion, ne sont point évidens aux spectateurs ordinaires, et les philosophes de tous les âges, ne se seraient point si unanimement accordés à l'adopter s'ils n'y avaient été conduits par une voie plus courte et plus directe que l'examen des conséquences éloignées du vice et de la vertu.

444. On peut ajouter que si dans l'homme de bien ce désir du bonheur était le principe d'action unique ou même dominant, ce principe ne pourrait guère manquer de lui ravir ce qu'il cherche, en remplissant son âme de conjectures inquiétantes sur l'avenir, et de calculs embarrassans sur les diverses chances de bien et de mal. L'homme au contraire dont le sentiment du devoir est le principe régulateur se conduit dans les affaires de la vie, avec hardiesse, conséquence et dignité, et trouve sans le chercher ce bonheur qui trompe si souvent la poursuite de ceux qui mettent à l'atteindre toutes les facultés de leur esprit.

SECTION IV.

DES THÉORIES ÉLEVÉES SUR L'OBJET DE L'APPROBATION MORALE.

445. Nous avons déjà remarqué (§ 245) que les diverses théories sur la vertu qui ont prévalu dans les temps modernes ont pris leur source dans le penchant à faire sortir toutes les branches du devoir d'un seul principe d'action comme l'*amour de soi bien entendu*, la *bienveillance*, la *justice*, la *soumission* à la volonté de Dieu.

446. Nos raisonnemens ont dû montrer qu'aucune de ces théories ne s'accorde avec les faits. Cependant, l'harmonie qui existe entre nos bonnes dispositions de quelque espèce qu'elles soient, et leur coïncidence générale à nous conseiller une même manière de vivre donnent à toutes ces théories lorsqu'elles sont habilement défendues, un certain degré de plausibilité.

447. L'esprit systématique qui leur a donné naissance, bien que fécond en erreurs, n'a pas été sans utilité, puisqu'il a attiré l'attention d'hommes ingénieux sur la plus importante de toutes les études : la fin et la destination de la vie humaine. En même temps la facilité avec

laquelle on peut également tirer de principes très-distincts une si grande variété de conséquences, démontre bien évidemment qu'il y a dans le monde moral une unité et un enchaînement tout aussi facile à discerner que dans le monde physique.

SECTION V.

DE LA DÉFINITION GÉNÉRALE DE LA VERTU.

448. Tous les différens devoirs que nous avons considérés ont une qualité commune, celle d'*être obligatoires* pour les agens raisonnables et libres, et tous sont imposés par la même autorité, celle de la conscience. Ces devoirs ne sont donc que les différens articles d'une même loi dont la dénomination propre est le mot *vertu*.

449. Le même mot (comme nous le montrerons plus particulièrement dans la section suivante) s'emploie pour exprimer l'excellence morale d'un caractère. Dans cette acception, il semble désigner une habitude constante de l'âme distincte des bonnes dispositions qui n'agissent qu'accidentellement. Nous avons dit plus haut (§ 161) que les dénominations de *voluptueux*, d'*ambitieux*, etc., par lesquelles on spécifie la nature de certains caractères dérivent

des principes particuliers d'action qui prévalent dans la conduite. On peut donc à juste titre nommer *vertueux* l'homme dont le principe régulateur habituel est le sentiment du devoir ou la considération de ce qui est bien. C'est sous ce point de vue que les anciens pythagoriciens définissaient la vertu ἕξις τοῦ δέοντος, de toutes les définitions de la vertu la plus ancienne, et peut-être de toutes celles qui ont été proposées, la plus complète.

450. Ces observations donnent l'explication d'une maxime d'Aristote, qui paraît paradoxale au premier coup d'œil : il dit dans sa *Morale* que *là où il y a sacrifice, il n'y a pas de vertu*; et voici, selon nous, comment on doit l'entendre. Sans doute le mérite des actions particulières s'accroît par le sacrifice de soi-même qui les accompagne : là-dessus il n'y a point de contestation ; mais il n'y a d'effort dans le sacrifice que tant que nous en sommes encore à l'apprentissage du devoir : car il en est du renoncement à soi-même comme de toute autre chose, l'habitude le rend plus facile. Si donc on désigne par le mot de *vertu* cette habitude de l'âme, à laquelle tout homme de bien doit aspirer, il faudra dire qu'à mesure que nous approchons de la vertu, le sacrifice de nous-même diminue, et qu'il cesse entièrement dès que le but est complétement atteint.

SECTION VI.

DU DOUBLE USAGE QUE L'ON FAIT DES MOTS JUSTE ET INJUSTE, VICE ET VERTU.

451. On applique quelquefois aux actions et quelquefois aux intentions de l'agent les épithètes de *juste* et d'*injuste*, de *vertueux* et de *vicieux*. L'usage des mots correspondans dans les autres langues présente la même confusion.

452. La distinction établie par quelques moralistes entre la moralité *absolue* et la moralité *relative* a eu pour objet de remédier à la confusion que ce double emploi des termes tend à produire : et cette distinction est d'une assez grande importance pour mériter quelque explication dans un système de morale.

453. On peut dire d'une action qu'elle est *absolument* bonne, quand elle est ce qu'exigeaient qu'elle fût les circonstances dans lesquelles l'agent se trouve placé ; en d'autres termes, quand elle est telle qu'il l'aurait pu faire avec de bonnes intentions et une intelligence éclairée.

454. On peut dire d'une action qu'elle est

relativement bonne, lorsque les intentions de l'agent ont été sincèrement droites, soit que l'action en elle-même s'accorde ou ne s'accorde pas avec ce qu'exigeaient vraiment les circonstances.

455. D'après ces définitions, une action peut être *bonne* dans un sens et *mauvaise* dans l'autre : ambiguïté à laquelle les moralistes n'ont pas fait assez attention, quoiqu'elle revienne assez souvent pour être remarquée.

456. C'est la bonté *relative* d'une action qui détermine le mérite de l'agent; mais c'est sa bonté *absolue* qui détermine l'utilité dont elle peut être, et pour l'agent lui-même, et pour la société. On ne peut dire de l'utilité qu'elle est une qualité de la vertu, que quand la bonté *absolue* coïncide avec la bonté *relative*.

457. Quand on a le désir sincère d'accomplir les règles du devoir, on met en usage tous les moyens qu'on possède et tout le discernement dont on est doué, pour rendre sa conduite conforme aux lois de la moralité absolue. L'homme qui ne le fait pas est coupable de négligence. Mais, dans tous les cas, notre devoir est de faire ce qui nous paraît bien dans la circonstance présente; et si, en suivant ce principe, nous venons à encourir quelque blâme, ce ne

sera pas pour avoir agi conformément à un jugement erroné, mais pour avoir probablement négligé d'employer les moyens que nous possédions pour prévenir les erreurs dont notre jugement est susceptible.

458. Il suit aussi de ces principes qu'une action a beau être matériellement bonne, l'agent n'en a pas pour cela le mérite, s'il ne l'a faite avec la volonté d'accomplir un devoir. L'approbation morale ne tombe que sur les actions que cette intention accompagne.

SECTION VII.

DES FONCTIONS ET DE L'EMPLOI DE LA RAISON DANS LA PRATIQUE DU DEVOIR.

459. Nous venons de faire observer qu'un sentiment profond du devoir, tout en nous portant à développer avec soin nos bonnes dispositions, doit aussi nous engager à mettre tout en usage pour donner à notre conduite extérieure une exacte régularité. Voici les cas principaux où nous devons, dans ce but, faire usage de notre raison.

1° Lorsque nous avons lieu de soupçonner que nos jugemens et nos sentimens moraux ont été corrompus et pervertis par l'éducation.

2° Lorsque dans le conflit de plusieurs devoirs différens, nous ne savons quelle est la conduite que nous devons tenir. Tous les cas où les droits de deux parties sont intéressés, se rapportent à ce chef.

3° Lorsque les moyens d'atteindre le but que le devoir a marqué, exigent un choix et une délibération.

460. C'est à ce dernier titre que l'étude du bonheur public et privé forme une branche importante de la science morale; car, chez l'homme qui ignore les véritables sources de la félicité individuelle et de la prospérité sociale, il est rare que les meilleures dispositions du cœur ne demeurent pas à peu près stériles.

461. Nous avons embrassé dans la seconde division de ces *Esquisses* la partie de cette étude qui se rapporte au bonheur individuel. Quant aux recherches qui ont pour objet le bonheur de la société et les moyens de l'assurer, elles sont si étendues et si difficiles, qu'il est nécessaire de les séparer du reste de la morale, et d'en faire une branche distincte de la science.

462. Ce n'est pourtant pas sous le seul rapport que nous venons de signaler que la politique se rattache à la morale. Les moyens pré-

parés par la nature pour assurer les progrès intellectuels et moraux de l'espèce humaine, supposent tous l'existence de l'association politique; et d'un autre côté la forme particulière que prend cette association, dans un pays quelconque, exerce la plus grande influence sur le caractère national, et détermine un grand nombre d'opinions et d'habitudes qui ne sont point étrangères au bonheur de la vie privée.

TROISIÈME PARTIE.

DE L'HOMME CONSIDÉRÉ COMME MEMBRE D'UNE ASSOCIATION POLITIQUE.[1]

CHAPITRE Ier.

DE L'HISTOIRE DE LA SOCIÉTÉ POLITIQUE.

ARTICLE Ier.

Des principes de notre nature, et des circonstances de la condition humaine qui servent de fondement à l'association politique.

ART. II.

Des principes de notre nature, et des circonstances de notre condition qui assurent les progrès de la société.

---

(1) L'auteur n'a donné aucun développement à cette dernière division de son ouvrage, et on peut en voir la raison dans sa préface.

ART. III.

Du mariage ; conséquences politiques et morales de cette institution.

ART. IV.

De la condition et du caractère des sexes, et des modifications que les différens états de société leur font subir.

ART. V.

De l'histoire de la propriété, considérée dans ses rapports avec le développement et le bonheur de l'humanité.

ART. VI.

De l'origine et des progrès des arts et des sciences.

ART. VII.

De l'origine et des progrès du commerce.

ART. VIII.

De l'origine et des progrès du gouvernement,

de la distinction des rangs et de la subordination.

ART. IX.

De l'origine et des progrès des systèmes municipaux de jurisprudence.

ART. X.

Des diversités dans l'histoire de l'espèce, produites par l'influence du climat et de la situation.

CHAPITRE II.

DES PRINCIPES GÉNÉRAUX DE LÉGISLATION ET DE GOUVERNEMENT.

SECTION I.

DE L'ÉCONOMIE POLITIQUE.

ART. Ier.

Des écrits de Grotius et de ses successeurs sur la jurisprudence naturelle, et de l'influence de ces écrits sur la science moderne de l'économie politique.

ART. II.

De l'objet de l'économie politique et des résultats généraux les plus importans auxquels conduit l'étude de cette science.

ART. III.

De la coïncidence des principes de la justice, et de ceux de l'utilité dans leurs conséquences politiques.

ART. IV.

De l'influence que des idées justes, en économie politique, peuvent avoir sur le perfectionnement intellectuel et moral de l'humanité.

SECTION II.

DES DIFFÉRENTES FONCTIONS DU GOUVERNEMENT, ET DE LA MANIÈRE DONT CES FONCTIONS SONT DISTRIBUÉES ET COMBINÉES DANS LES DIVERSES CONSTITUTIONS.

ART. Ier.

Des pouvoirs législatif, judiciaire et exécutif.

ART. II.

Des formes simples de gouvernement, selon la définition des philosophes politiques. Utilité de ces vues spéculatives dans l'examen des constitutions actuelles.

ART. III.

Des gouvernemens mixtes.

ART. IV.

De la constitution anglaise.

ART. V.

Influence des formes de gouvernement sur le caractère et les mœurs nationales.

ART. VI.

Des devoirs qui dérivent de l'union politique.

ART. VII.

Des relations politiques entre les différens états. Application des lois de la morale aux nations.

FIN DES ESQUISSES DE PHILOSOPHIE MORALE.

TABLE DES MATIÈRES

CONTENUES DANS CE VOLUME.

Préface du traducteur.	Page j
Préface de l'auteur.	cliij
ESQUISSES DE PHILOSOPHIE MORALE.	1
INTRODUCTION.	ib.
SECT. I. De l'objet de la philosophie, et de la méthode à suivre dans les recherches philosophiques.	ib.
II. Application des principes précédens à la philosophie de l'esprit humain.	5
III. Des causes qui retardent les progrès de la connaissance humaine, et spécialement ceux de la philosophie de l'esprit humain et des sciences qui s'y rattachent.	7
SUJET ET DISPOSITION DE CE TRAITÉ.	9
PREMIÈRE PARTIE.	12
DES FACULTÉS INTELLECTUELLES DE L'HOMME.	ib.
SECT. I. De la conscience.	13
II. De la perception externe.	14
1. Lois particulières de la perception considérée dans chaque sens.	ibid.
2. De la perception en général.	20
III. De l'attention.	26
IV. De la conception.	27
V. De l'abstraction.	28
VI. De l'association des idées.	30
VII. De la mémoire.	34
VIII. De l'imagination.	36
IX. Du jugement et du raisonnement.	37

  1. De l'évidence intuitive.   Page 38
  2. De l'évidence déductive.   39
Sect. X. Des facultés ou capacités que développe dans notre intelligence le genre particulier d'études ou d'affaires auquel nous nous livrons.   43
 XI. De certaines facultés ou principes auxiliaires qui concourent essentiellement ou tiennent de près à notre développement intellectuel.   47
  1. Du langage.   *ibid.*
  2. Du principe d'imitation.   50
 XII. Des facultés intellectuelles de l'homme comparées aux instincts des animaux.   52

SECONDE PARTIE.   56

Des facultés actives et morales de l'homme.   *ib.*

Chapitre Ier. Classification et analyse de nos facultés actives et morales.   *ib.*
Sect. I. Des facultés actives en général.   *ib.*
 II. Des appétits.   58
 III. Des désirs.   59
  1. Du désir de connaissance.   60
  2. Du désir de société.   61
  3. Du désir d'estime.   62
  4. Du désir de pouvoir.   63
  5. Du désir de supériorité.   67
 IV. Des affections.   56
  1. Des affections bienveillantes.   *ib.*
  2. Des affections malveillantes.   74
 V. De l'amour de soi.   76
 VI. De la faculté morale.   82
Art. I. Observations préliminaires, etc. etc.   *ib.*
 II. Analyse de nos perceptions et de nos émotions morales.   88
  1. De la perception du juste et de l'injuste.   89

2. Des émotions agréables et désagréables qui naissent de la perception de ce qui est juste ou injuste dans la conduite. Page 99

3. De la perception du mérite et du démérite. 101

Art. III. De l'obligation morale. 104

Sect. VII. De quelques principes qui secondent l'influence des facultés morales sur notre conduite. 108

1. Du respect humain. 109
2. De la sympathie. 110
3. Du sentiment du ridicule. 113
4. Du goût considéré dans ses rapports avec la morale. 114

VIII. Du libre arbitre de l'homme. 117

Chapitre II. Des différentes branches du devoir. 120

Sect. I. Des devoirs envers Dieu. ib.

Recherches préliminaires sur les principes de la religion naturelle.

Art. I. De l'existence de Dieu. 121

1. De l'autorité de nos conclusions de l'effet à la cause, et de l'évidence d'un pouvoir actif dans l'univers. 123
2. De l'évidence d'un dessein manifesté dans l'ordre de l'univers. 130

II. Des attributs moraux de Dieu. 144

1. De l'évidence d'un dessein bienveillant dans l'ordre de l'univers. 145
2. De l'évidence du gouvernement moral de Dieu. 155

III. D'un état futur. 157

1. De l'argument en faveur d'une autre vie, tiré de la nature de l'âme. 159
2. Preuves d'une autre vie tirées de la constitution de l'homme, et des circonstances

　　　　de sa condition présente. 165
　　Continuation et conclusion de la section I. 169
Sect. II. Des devoirs envers nos semblables. Page 173
　Art. I. De la bienveillance. *ib.*
　　II. De la justice. 178
　　　1. De la bonne foi. 180
　　　2. De l'équité ou de l'intégrité. 184
　　III. De la véracité. 191
Sect. III. Des devoirs envers nous-mêmes. 196
　Art. I. Remarques générales sur cette classe de devoirs. *ib.*
　　II. Du devoir d'employer tous les moyens possibles pour assurer notre bonheur. 198
　　III. Du bonheur. 201
　　　1. Opinions des anciens sur le souverain bien. *ib.*
　　　2. Remarques additionnelles sur le bonheur. 206
Sect. IV. Des théories élevées sur l'objet de l'approbation morale. 219
　V. De la définition générale de la vertu. 220
　VI. Du double usage que l'on fait des mots *juste* et *injuste*, vice et *vertu*. 222
　VII. Des fonctions et de l'emploi de la raison dans la pratique du devoir. 224

TROISIÈME PARTIE. 227

De l'homme considéré comme membre d'une association politique. *ib.*

FIN DE LA TABLE.

www.ingramcontent.com/pod-product-compliance
Lightning Source LLC
Chambersburg PA
CBHW050419170426
43201CB00008B/463